JN417977

아버지의 눈에는 눈물이 보이지 않으나

아버지가 마시는 술에는 항상

보이지 않는 눈물이 절반이다

- 김현승, 〈아버지의 마음〉 중에서

여기에 사진을 끼워주세요
(3X5)

사랑하는 아버지와의 추억을 담아
이제는 더 행복해지시기를 바라며

________________ 드림

아버지는 매일
가출하고 싶다

아버지는 매일 가출하고 싶다

초판 1쇄 발행 2010년 10월 12일
초판 2쇄 발행 2010년 11월 17일

지은이 김희곤
펴낸이 김선식
펴낸곳 (주)다산북스
출판등록 2005년 12월 23일 제313-2005-00277호

PD 김현경
DD 손지영
다산책방 김현경, 정지영
디자인연구소 최부돈, 손지영, 황정민, 김태수, 조혜상, 김희준
마케팅본부 모계영, 신현숙, 김하늘, 박고운, 권두리
광고팀 한보라, 박혜원
온라인마케팅팀 하미연
저작권팀 이정순, 김미영
미주사업팀 우재오
경영지원팀 김성자, 김미현, 유진희, 김유미, 정연주

주소 서울시 마포구 서교동 395-27
전화 02-702-1724(기획편집) 02-703-1725(마케팅) 02-704-1724(경영지원)
팩스 02-703-2219
이메일 dasanbooks@hanmail.net
홈페이지 www.dasanbooks.com

필름 출력 스크린그래픽센타
종이 신승지류유통(주)
인쇄 (주)현문
제본 (주)광성문화사

ISBN 978-89-6370-430-2 (03040)

• 책값은 표지 뒤쪽에 있습니다.
• 파본은 구입하신 서점에서 교환해드립니다.

20년차 철없는 아버지가 솔직하고 행복하게 사는 법

아버지는 매일 가출하고 싶다

김희곤 지음

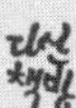

아버지의 조건

— 작자 미상

하나님이 만드신, 산처럼 힘세고
나무처럼 멋있고
여름 햇살처럼 따뜻하고
고요한 바다처럼 침착하고
자연처럼 관대한 영혼을 지니고
밤처럼 다독일 줄 알고
역사의 지혜 깨닫고
비상하는 독수리처럼 강하고
봄날 아침처럼 기쁘고
영원한 인내심을 가진 사람,
하나님은 이 모든 걸 주시고
더 이상 추가할 게 없을 때
당신의 걸작품이 완성되었다는 걸 아셨다
그래서
하나님은 그를 아버지라 불렀다

나는 아버지가 되고 싶었다, 아마도

이 글은 평범하기 짝이 없는 20년차 철없는 아버지의 아주 솔직한 일상이다. 미국발 금융위기로 휘청거리던 50대 아버지가 행복을 건져 올린 짧은 이야기다. 탄탄할 것 같았던 회사가 지구 반대편 금융위기의 나비효과로 하루아침에 무너질 위기에 처했다. 몇 번 일감을 놓친 회사는 갑자기 펑크 난 자동차처럼 주저앉았다. 놀란 사람들이 이리저리 대책 없이 뛰어다녔지만 서로에게 상처만 낼 뿐이었다.

출근길 차양 밑에서 느낀 빗줄기는 심장을 두들기는 망치소리였다. 그날 아침, 빗줄기를 뚫고 어떤 생각이 가슴으로 떨어졌다.

나는 몇 달간 무급휴가를 결정하였다. 서로 눈치나 보고 있을 때 자리를 박차고 일어섰다. 떠밀려가는 것에 익숙해진 50대 아버지가 말이다.

10년 전 IMF구제금융 위기에서 회사를 접고 과감하게 스페인으로 날아갔었다. 이번에도 나는 또 일어섰다. 친구에게 긴급구조 요청을 하고서 단단히 마음을 먹고 아들과 함께하기로 했다. 입시지옥에서 이를 악물며 버티고 있는 아들 곁에 자리를 틀고 앉았다. 아들이 한심한 듯 쳐다보며 말했다.

"아빠, 회사 힘들어? 그러고 있지 말고 어디 좀 다녀와. 내가 이해해줄게."

제법 굵직한 수사가 날아들었다. 이럴 땐 너무 자세하게 응대하는 게 아니다. 무더운 여름방학, 거실에 캠프를 차렸다. 아들과 똑같은 모습으로 아침부터 저녁까지 책상을 붙들고 앉았다. 읽다가 지치면 쓰고 쓰다가 지치면 책을 읽었다. 아들 앞에서 단 한 번도 낮잠을 자지 않았다. 지금까지 아들과 이렇게 함께한 적이 없었다.

아들이 가장 힘들어하는 순간 아들 곁에서 조용히 나의 미래를 보았다. 바늘구멍보다 더 좁은 대학문을 향하여 몸과 마음을 구겨가며 악착같이 비집고 들어가야 하는 아들의 마음이 되고 싶었다. 일주일이 가고 이주일이 가고 끝까지 함께 버텼다. 무더위

속에서 안간힘을 쓰고 앉아 있었다.

아들은 서서히 나에게 힘들고 지친 자신의 마음을 나누어주었다. 여행의 진정한 묘미는 바람과 마음을 나누는 여유다. 만약 내일이 내 삶의 종착지라면 나는 이렇게 말할 것이다. 아들과 보낸 이 무더운 여름이 가장 아름다운 순간이었다고. 튀어 오르는 젊음을 누르고 책상 앞에 앉아 있는 아들과 무급휴가를 얻은 오십 줄의 아버지가 드디어 친구가 된 것일까.

50대 아버지는 아들이 SKY대학을 나와야 하는 이유를 알고 있다. 50대 남자는 앞으로 어떻게 살게 될지를 너무 잘 알고 있다.

* 정년퇴직 후에 남은 세월이 너무 길다는 것을
* 사랑과 행복을 위해 끊임없는 재교육이 필요하다는 것을
* 체력은 평소 식사처럼 단련시켜야 한다는 것을
* 외로움과 맞서는 즐거움의 원천을 개발해야 한다는 것을

아들과 친구가 되었는지는 아직도 잘 모르겠다. 하지만 아들과 함께 크게 상심하지 않는 법을, 날마다 더 좋은 사람으로 조금씩 성장하는 법을 배웠다. 철없는 아버지로 살아가면서 조금 더 행복해졌다.

자식 교육문제에는 큰소리치지 마라

아버지에게는 살아야 할 3만 가지 이유가 있다

철없는 아버지로 행복하게 사는 법

아버지라는 이름

아버지의 뼈 속에는 바람이 있다

나는 그 바람을 다 걸어야 한다

— 신용목, 〈갈대 등본〉 중에서

아버지의 첫 경험

아들이 태어나는 순간의 영상이 지금도 어제 일처럼 생생하게 기억 속에 살아 있다. 당연히 자연분만을 하리라 믿었다. 분만 날짜가 가까워질수록 담당의사의 답변은 조금씩 달라졌다. 담당의사의 의중이 점점 수술 쪽으로 기울어감을 느꼈다. 할 수 없이 지인의 소개로 대학병원을 찾았다. 누구나 어머니의 자궁에서 평범하게 태어나지만 그 탄생의 순간이 아기나 산모에게는 가장 위험하다는 충고를 들었기 때문이다. 자연분만을 최대한 유도하기로 의사와 약속하고 병실 문 앞에서 서성거렸다. 아내의 몸에 칼을 들이댄다는 생각만으로도 죄인이 되는 것 같았다.

그런데 갑자기 의사가 문을 박차고 나와 다짜고짜 나를 잡아챘다. 장모님과 함께 있었지만 내가 보호자라며 나를 끌다시피 데리고 갔다. 이 무슨 해괴한 일인가. 운명도 참 요상하다. 어제까지 부모였던 장모님이 딸의 생사여탈권을 오롯이 나에게 넘겨주었다는 증거다.

책상 위에 하얀 종이와 볼펜이 놓여 있었다. 제왕절개 수술을 받다가 부득이한 상황이 생겨 환자의 목숨이 위태롭더라도 책임을 묻지 않겠다는 무시무시한 문구였다. 이 도둑놈들. 수술은 누가 하고 그 책임은 아무것도 모르는 보호자가 져야 한다니 세상에 이런 불합리가 또 어디 있단 말인가. 괜한 분노가 치솟았지만 적의 손에 잡혀 있는 인질 때문에 아무 말도 할 수 없는 신세였다. 칼자루를 쥐고 있는 쪽은 내 앞의 의사이고, 나는 칼끝을 잡고 있을 뿐이다. 나는 아주 침착해질 수밖에 없었다.

나도 건축사로 전문 직종에서 일하고 있지만 너무 불공평하다는 생각이 들었다. 설계하다가 문제가 생겨도 건축주는 일절 문제를 제기할 수 없다는 서약서를 쓰게 한 적은 없다. 대신 건물에 하자가 생길 경우 법적인 모든 책임을 져야 한다는 내용에 사인을 한다. 의사는 참으로 대단한 특권을 가진 직업이다.

언젠가 선배가 농담처럼 던진 말이 생각났다. 의사는 죽음의 기로에 선 환자를 마주하기 때문에 항상 환자보다 우위에 있고,

변호사 역시 법적인 피해를 입고 다급하게 찾아온 의뢰인을 만나기 때문에 당당할 수 있지만 건축가는 자신의 분야에서 성공한 부자들을 상대하기 때문에 언제나 을의 입장에서 힘들게 일한다고. 대한민국 부모들이 자식만은 의대에 보내려고 아우성치는 이유가 여기 있구나 싶다.

순간 수만 가지 생각이 머리를 스쳤다. 태어날 아들 걱정보다 아내의 생사가 나의 사인 하나에 달렸다는 생각이 들자 무서워졌다. 달아나고 싶었다. 한참 시간이 지난 뒤에야 태어날 아들 걱정이 밀려왔다. 어제까지만 해도 세상에서 제일 똑똑하고 잘생긴 아들의 모습을 상상하고 있었다. 그러나 이제 바람은 하나뿐이었다. 그저 튼튼하고 건강했으면…. 다른 아버지들과 똑같은 기도를 간절히 드리고 있었다. 손가락 발가락 제대로 달린 평범하고 건강한 아기만 주시기를 기도하며 마음을 하늘에 의탁하였다. 초조한 시간이 그렇게 흐르고, 성스러운 신전의 문처럼 거룩하게 수술실이 열렸다.

내가 너를 처음 만난 곳은 수술실 앞의 생기 없는 복도였다. 그저 두 손으로 기도하며 죄지은 사람처럼 서성거렸다. 판도라의 상자를 여는 심정으로 뚫어지게 문을 응시하였다. 마침내 하늘이 열리듯 단단한 문이 열리고 새하얀 포대기에 안긴 네가 아주 천천히 나에게 다가왔다. 간호사의 품 안에서 지친 여행을 마친 행색으로 나와 마주하였다. 영혼의 우물에서 막 끄집어낸 두레박의 감로수처럼 너는 시뻘건 피막 속에서 생명의 도도함을 움켜쥐고 있었다. 적어도 이 아버지의 눈에는 그랬다.

핏기가 사라지지 않은 너의 얼굴은 뽀골뽀골 불어터진 해삼처럼 볼품없었지만 떨리는 생명의 진동만은 지구와 호흡하고 있었다. 하나님은 나의 첫 번째 기도를 완벽하게 들어주셨다. 간호사의 설명이 아니더라도 반짝반짝 빛나는 눈에서 이미 네가 건강하다는 것을 알 수 있었다.

으앙!

기지개를 켜듯 터져 나온 너의 울음은 세상을 향한 외침처럼 내 심장으로 전해졌다. 오! 하나님 감사합니다. 미묘한 감정들이 춤을 추듯 날아오를 때 갑자기 선명한 핏자국이 시선을 잡아끌었다. 가슴이 덜컹 내려앉았다. 얼굴에 너무나도 선명한 칼자국이 보였다. 엄마 양수의 비릿한 냄새가 채 가시지 않는 상태로 부풀어 오른 얼굴에 칼자국이 초승달처럼 선명하였다. 수술 도중에 자주 발생하는 가벼운 상처라고 얼버무리는 간호사의 상냥한 미소가 맘에 들지 않았다. 내가 지은 건축물의 현관 유리창에 금이 갔다면 누가 가만히 바라보고 있겠는가. 영광의 상처란 말인가. 녀석은 험난한 자궁의 문을 통과하지 않고 당당하게 홍해를 가르며 태어났다. 그 영광의 훈장이 바로 얼굴에 선명하게 남아 있는 칼자국이다. 엄마의 깊은 아픔을 한 조각 베어 문 것일까.

아들 녀석을 돌려보내고 지루하게 아내를 기다렸다. 홍해의 기적을 일으킨 모세인 양 아내는 태양처럼 환하게 웃었다. 미끄러져가는 아내의 침대를 죄인처럼 바라보았다. 마침내 거친 대지에서 아들 하나를 건져 올린 아내가 여자로 다가왔다. 너를 세상 밖으로 인도하려고 그렇게 홍해는 갈라졌고 제사장 같은 의사는 두 손을 하늘로 뻗어 너를 번쩍 들어올렸다. 아내는 녀석의 허물처럼 푸석푸석 가루가 되었지만 인간을 창조한 하나님의 위엄이 서려 있었다.

팔불출이 죄인가

아장아장 걸어 다니는 녀석의 모습을 보고 있으면 공원이나 거리에서도, 버스나 지하철에서도 내 눈에는 우리 아들이 최고였다. 아무리 많은 아이들 속에 뛰어놓아도 항상 너만은 태양처럼 내 가슴에 빛나고 있었다. 너는 나의 또 다른 심장이었다.

한번은 아내 친구의 남편이 녀석을 두고 사위 삼자는 농담을 던졌지만 솔직히 즐겁지 않았다. 마지못해 긍정의 웃음을 지었지만 욕심은 하늘을 찌르고 있었다. 화장실 들어갈 때 마음 다르고 나올 때 마음 다르다는 속담은 나를 두고 하는 말이다. 물에 빠진 사람 건져놓으니 보따리 내놓으라고 큰소리치는 꼴이지만 하나님께 이번에는 더 큰 기도를 했다. 어차피 아들 녀석도 당신이 내려주신 거라면 한껏 욕심내서 키워보겠다고. 오죽하면 옆에서 보고 계시던 장모님까지 아내에게 한방 날리셨다.

"니들이 예쁜 아기를 못 봤구나."

아무렴 어떤가. 아무리 핀잔을 줘도 희망이 워낙 단단해서 실망이 비집고 들어올 틈이 없었다. 황홀한 연애의 추억이 사라지면 곧바로 향기 없는 결혼이 인생의 발목을 잡는다. 신혼의 달콤함이 사라지는 순간 무덤덤한 부부 사이가 철길처럼 달려간다. 무시무시한 산고를 치르고 낳은 아들 녀석에게 이만한 꿈과 희망이라도 발견하지 못한다면 결혼은 정말 미친 짓이다.

꿈은 깨지기 마련이라지만, 우리 부부는 기꺼이 꿈을 안고 불속이라도 뛰어들 기세였다. 혹시 우리 아들이 천재가 아닐까, 진짜 천재면 어쩌지… 이런 말들을 주고받으며 하늘 끝까지 날아올랐다. 녀석이 어쩌다 종이 위에 그림을 그리면 곧바로 피카소가 되었고, 피아노 건반을 누르면 모차르트가 되었으며, 젓가락을 휘두르면 카라얀, 책을 펼치면 아인슈타인이 되었다. 녀석의 걸음걸이에는 알렉산더 대왕의 당당함이 배어 있었다. 부풀어 오른 우리의 꿈은 그 누구도 무너뜨릴 수 없는 신의 요새였다.

아들과 딸이 어렸을 때, 우리 가족은 매년 여름이면 서해안 만리포 옆 한적한 바닷가를 찾았다. 멀리 프랑스에서 공부하고 있던 처제가 두 녀석이 입을 예쁜 수영복을 보내왔기 때문이다. 살이 포동포동한 두 녀석의 몸매를 온 천하에 드러낼 수 있는 유일한 기회였다. 당시만 해도 어린 아이가 최신 패션의 수영복을 입는 경우는 흔치 않았다. 디자인을 전공하는 처제의 예리한 눈매로 골라준 수영복은 한여름을 시원하게 날려주었다.

그래도 수영복을 고르면서 처제가 했다는 말이 새삼 괘씸했다. 아내가 처제에게 아이들 사진을 보내주었는데, 그 사진을 보고서 이 못생긴 녀석들이 내 조카인 거냐고 탄식을 했다고 한다. 아니 이렇게 예쁜 애들을 누가 못났다고 하는 건지 나는 펄펄 뛰었다. 그러자 아내가 말했다.

"솔직히 소시지처럼 뭉뚱한 우리 애가 뭐 그리 예뻐…."

아내의 말이 떨어지자마자 내 가슴에는 시커먼 먹구름이 덮였다. 하지만 아무렴 또 어떤가. 돌 지난 딸아이에게 노란색 비키니를 입히니 소시지에 노란 리본을 아래위로 묶은 것처럼 귀여웠다. 딸아이가 뒤뚱거리며 해변을 걸어가면 모든 사람들이 다 쳐다봤다. 나는 오드리 햅번의 애인이라도 된 듯 우쭐거리며 뒤를 따라갔다. 어디선가 누군가의 속닥거림이 들려왔다.

"얘, 저 아이 너무 예쁘지…."

나는 엉큼한 미소를 지었다. 그러면 그렇지 우리 딸이 얼마나 예쁘다고. 이런 생각이 채 달아나기도 전에 꿈은 무너졌다.

"저 꼬맹이 입고 있는 비키니 너무 예쁘지 않니."

이런 젠장. 현실은 참으로 냉정하다. 프랑스제 수영복까지만 예쁘고 뽀송뽀송한 젖살을 가진 우리 딸의 사랑스러움은 볼 줄 모르는 사람들의 상상력을 누가 탓할 것인가. 그때 이후로 나는 단 한 번도 딸아이의 미모를 의심하지 않았다. 그 사이 몇 년의 무더위는 어린 딸의 수영복을 감상하는 맛으로 날려버렸다.

세상살이에 아무리 생채기가 나도 아이들의 목소리만 들으면 요동치던 가슴의 파도가 평화롭게 가라앉았다. 신혼 시절 아내는 전화를 할 때마다 어린 아들과 딸의 옹알이를 먼저 들려주었다. 급한 용무에 신경이 날카로워진 나의 마음을 가라앉히는 안정제가 바로 아이들의 목소리라는 것을 알고 있었다. 젖비린내 묻어나는 소리로 아빠라고 불러주는 것을 얼마나 좋아했던가. 아내는 식어가는 사랑을 대신할 신종무기를 개발한 듯 아들과 딸을 앞세워 나를 무장해제 시켰다. 이것이 인생의 제1법칙이라는 것을 그땐 몰랐다.

나는 꿈을 먹고 살아가는 건축가다. 집을 완성하기 위해 생각으로, 그림으로, 투시도로, 조감도로, 모형으로 수백 번 집을 지어보는 행운을 누린다. 건축가는 자신의 구상을 마지막으로 검토하기 위해 모형을 만들어본다. 작은 축적으로 만든 모형은 깜찍할 만큼 예쁘다. 어린 아기를 보는 것처럼 귀엽다. 서울의 모습을 한

눈에 내려다볼 수 있는 모형을 만들어놓으면 손에 잡힐 듯 정겹고 아름답다. 여기서 전문가와 비전문가가 나뉜다. 작은 모형을 보면서도 공간과 형태의 미묘한 차이를 발견하고 수정해나가는 사람이 바로 건축가다.

아내와 나는 녀석들의 재롱에 이성을 잃어버린 평범한 건축가에 지나지 않았다. 편파적인 심판처럼 객관성을 상실해버렸다. 결혼하기 전에는 식당에서 버릇없이 돌아다니는 아이를 내버려두는 부모에게 눈살을 찌푸렸건만 막상 내가 그 상황이 되어보니 사랑스런 아이들 모습만 눈에 들어왔다. 혹시라도 눈살을 찌푸리는 사람들을 만나면 야속하기 그지없었다. 이래서 내가 하면 로맨스, 남이 하면 불륜이다. 가끔 녀석들을 나무라는 어른을 만나면 겉으로는 수긍하면서도 속으로는 한없이 섭섭했다. 반대로 녀석들을 끌어안고 칭찬해주거나 돈이라도 한 푼 쥐어주면 아닌척하면서도 속으로는 그 사람이 너무 좋았다.

아무리 대단한 건축가라도 자신이 만든 모델의 장점과 단점을 구분하는 데 걸리는 시간은 약 일주일 정도다. 자신의 작품에 대해 남들이 퍼붓는 비평을 자신만만하게 받아들이는 여유 있는 건축가도 드물다. 우리는 토론이 감정싸움으로 번지는 일을 허다하게 본다. 유교관이 우리 사회에 깊이 자리한 탓이다. 어쩌다 공개적인 토론장에 초대되더라도 상대방의 감정이 상하지 않는 선에서 적당한 단어를 고르느라 진땀을 뺀다. 상대가 건축계의 명망 있는 선배일 경우는 더욱 그렇다.

우리보다 비평문화가 앞선 스페인에서는 상대가 선배든 교수든 공적인 비평과 사적인 감정을 구분할 줄 안다. 거의 폭발 직전까지 상대를 몰아붙일 때는 옆에서 지켜보는 사람이 조마조마할 지경이다. 이런 토론문화가 그들의 건축문화를 세계적인 수준으로 올려놓았다. 영혼이 담긴 작품이든, 자식이든 지나친 애정으로 이성과 감정을 구별하지 못하는 우리가 문제다.

아빠, 나도
예쁜 여자가 좋아

아들 녀석은 강아지보다 더 정확하게 자신을 좋아하는 사람을 찾아내곤 했다. 휴일이면 어김없이 자기를 제일 좋아하는 외할머니에게 달려갔다. 장모님 아파트에는 백화점 셔틀버스가 다녔는데, 하루는 여대생으로 보이는 한 무리의 어여쁜 누나들과 동석을 했다. 녀석은 언제 그 낌새를 알아차렸는지 할머니 품속을 빠져나와 누나들에게로 걸어갔다. 그리고선 자기를 가장 좋아할만한 누나 앞에서 손을 폈다 오무렸다 하고 고개를 좌우로 흔들며 재롱을 부렸다. 알 수 없는 장단에 맞춰 노래를 부르며 사탕과 초콜릿을 받아먹었다. 엄마 아빠는 물론이요, 녀석을 그렇게 사랑해주시는 외할머니마저 까맣게 잊어버린 아들에게 배신감마저 느꼈다. 녀석에게 수컷의 징후가 나타나기 시작한 날이다. 야, 이놈 봐라. 제법이네. 아들과 내가 드디어 수컷으로 만난 것이다.

녀석은 시도 때도 없이 아빠를 찾으며 '쉬'라는 소리를 하기 시작한다. 아들의 작은 고추는 평소에는 달팽이처럼 감겨 있지만 배설의 기미가 보이면 작은 방울이 고개를 세운다. 바지를 내리며 남의 손을 기다리는 작은 물건이 너무 앙증맞았다. 아직 힘이 없는 고추를 들어주면 손가락 사이로 작은 압력이 느껴진다. 그것도 잠시, 나중에는 스스로 자신의 고추를 조절하게 된다. 최초의 자립이 이루어지는 순간이다. 이때부터 아들 녀석과 딸아이가 선명하게 구별되었다. 어느 날, 자존심이 강한 딸아이가 나에게 물었다.

"아빠! 나도 오빠처럼 서서 오줌 누면 안 돼?"

나는 순간 너무 당황했다. 아내의 발 빠른 참견으로 위기를 모면했지만 초보 아버지를 난감하게 몰아붙인 딸아이의 승리였다. 딸과 아버지의 관계가 갑자기 여자와 남자의 관계로 돌변하였다.

딸아이가 아들 녀석보다 더 강하고 투박하였지만 세상은 여자와 남자의 경계를 분명히 했다. 아들 녀석에게는 단순하고 기능적인 옷을 입히고, 딸아이에게는 장식이 많은 옷을 입혔다. 딸아이 머리에는 꽃무늬 레이스가 달린 머리핀도 꽂아주었다.

아들 녀석은 덜렁거리는 고추를 내놓고 다녀도 되지만 딸아이는 그런 장면이 연출되면 추태인 양 부끄러워했다. 아들 녀석의 옷은 더러워서 갈아입히고 딸아이 옷은 치장을 위해 갈아입혔다. 아들 녀석의 몸은 진돗개 같아서 안고 다니기에 불편했지만, 딸아이의 몸은 애완견처럼 부드럽고 가벼웠다.

스페인에서 지친 영혼을 안고 귀국길에 제일 먼저 들른 곳은 아들과 딸의 선물을 사기 위한 가게였다. 나는 조금도 망설임 없이 딸아이를 위해서는 인형을, 아들 녀석을 위해서는 자동차 모형을 골랐다. 아들 녀석이 원할 때마다 자동차 모형은 스스로 움직여야 한다. 이것이 아들 녀석의 존재감을 표현하는 상징이다. 반면 딸아이는 인형을 손에 들고 수없이 스토리텔링을 하다 지치면 인형옷을 홀라당 벗겨버리고 자신이 좋아하는 양말이나 버린 옷가지를 오려서 특별한 옷을 입힌다. 그러고선 나에게 고개를 돌려 말한다.

"아빠! 내 인형 어때!"

나는 조용한 딸아이가 훨씬 창조적으로 논다고 생각했다. 아들 녀석이 무력하게 자동차를 벽에다 박치기나 하면서 수시로 공격하는 것을 수컷의 생존무기로 시험하고 있는 것이었다면, 딸아이는 어린 시절부터 자신의 감성으로 스토리를 만들고 인형과 대화하며 무대의 주인공을 위해 직접 패션 디자이너가 되었다.

안타깝게도 딸과 아들과 아버지의 밀애는 그렇게 길지 않았다. 어느 날 딸아이의 몸에 이상 징후가 일어났다. 그날로 딸아이는 다시 어린 시절의 기저귀를 차고 갑자기 아빠를 외면했다. 아버지의 손으로 목욕을 시켜줄 수 없는 경계선이 그어졌다. 아들 녀석은 아직도 풋고추를 달고 돌아다니며 동지애가 끓는데 딸은 어느 날 갑자기 아버지와 내외를 하면서 몸뚱이의 일부라도 보여주는 것을 죽기보다 싫어했다. 그러다 아들 녀석이 몽정을 하고 딸아이가 초경을 하는 순간 남자와 여자 사이에 거대한 베를린 장벽이 세워졌다.

아버지의 아버지

아들 녀석에게 좋은 아버지가 되고 싶었다. 돌아가신 아버님을 떠올릴 때마다 녀석에게 한없이 미안한 감정이 밀려온다. 나는 돌아가신 아버님 같은 아버지가 되지 못했기 때문이다. 내 인생의 숙제 같은 이야기는 이렇게 시작되었다.

청춘이 끓어오르던 시절, 아버님은 언제나 섬처럼 먼 고향에 계셨다. 당신은 나날이 귀가 멀고 의식은 깜박거리는 형광등처럼 희미해져갔다. 현실의 벽 앞에서 수없이 무너져 내리는 막내아들의 아픔을 내려놓기에 아버님의 육체와 정신은 너무 약해져 있었다. 80년대 말 서울과 울산의 거리는 지금보다 훨씬 멀게 느껴졌다. 자가용이 흔하지 않던 시절이라 고속버스와 기차가 유일한 이동수단이었다.

몇 달에 겨우 한두 번 고향을 방문할 때마다 의식을 치르듯 아버님의 손을 잡고 어머님 산소를 찾았었다. 그날따라 아버님은 어머님 산소가 살짝 드러나는 길모퉁이를 돌아서기가 무섭게 고목이 쓰러지듯 경사진 풀숲으로 무너져 내렸다. 거의 반사적으로 여린 손목을 길게 허공으로 뻗으시더니 나를 향해 느린 손사래를 치셨다. 알 수 없는 두려움이 등줄기를 타고 내렸다. 놀란 가슴으로 아버님의 몸을 세우려고 부축하였지만 평소 솜털같이 가벼웠던 몸이 꼼짝하지 않았다. 대지와 하나가 된 거대한 암석을 들어 올리는 기분이었다. 대지가 거친 숨을 쉬듯 목소리가 스며 나왔다.

"니 어무이 얼른 보고 오너라."

이 한마디가 가슴을 아프게 파고들었다. 어머님 산소에 소주잔과 과일을 올려놓고 평소처럼 절을 했다. 잠시 혼자 앉아 어머님 생각에 빠져들었다. 봉분 하나만 덩그러니 놓여 있는 산소에 올 때마다 아버님이 그 빈자리를 채워주셨는데… 그날은 어느 때보다 어머니의 옆구리가 쓸쓸해 보였다.

'엄마, 아버지가 오늘은 엄마 옆에 오기 싫은 가봐. 오늘은 빨리 아버지 곁으로 가봐야 할 것 같아. 다음에 또 올게요.'

서둘러 산소를 빠져나왔다. 그때까지 아버님은 아까와 다름없이 길모퉁이의 바위처럼 제자리를 지키고 계셨다. 돌아오는 나를 물끄러미 바라볼 뿐 아무 말씀도 않으셨다. 아버님에게 다가가자 바위처럼 웅크리고 있던 작은 육체가 마법에서 풀려난 듯 조심스럽게 다시 움직였다. 그리고 뒤도 돌아보지 않고 왔던 길을 서둘러 걸으셨다.

오솔길을 벗어나 신작로에 이르렀을 때 마침 늙은 황소가 느린 걸음으로 짐마차를 끌고 지나갔다. 아버님의 힘겨운 걸음과 늙은 황소의 거친 숨소리가 그날따라 아팠다. 아버님은 조금 가다 쉬기를 수없이 반복하셨고, 아주 느린 걸음으로 나의 부축을 받으며 늦여름 그림자처럼 천천히 집으로 돌아왔다. 그것이 숨을 재촉하는 아버님의 마지막 불꽃이었다는 것을 그때는 알지 못하였다.

평소 아버님은 함께 어머님 산소에 도착하면 봉분 서쪽 평탄한 자리에 비석처럼 앉아서 느긋하게 나의 모습을 지켜보셨다. 멀지 않은 시일에 당신이 누울 자리를 아주 천천히 응시하며 몇 발자국 걷다가 조용히 남쪽 바닷가로 시선을 던졌다. 차가운 대지를 깨우려는 의식처럼 지팡이를 짚고 느긋하게 당신의 자리를 몇 번이나 돌아다니셨다. 가끔 산 아래를 굽어보시고는 시원한 전망에 감동하신 듯 작은 흐느낌처럼 말을 흘렸다.

"앞이 훤하구나."

그때마다 나는 묘한 만족감을 느꼈다. 나는 지금도 느리게 고개를 돌리며 다정한 미소를 보내주시던 아버님의 모습을 그리워한다. 당신의 죽음을 아주 조용히 마중하고 계셨다는 것을 그때는 미처 몰랐다.

"영감 덕에 이만큼이라도 잘 살다 갑니다."

어머님이 지상에서 마지막으로 아버님에게 하신 말씀은 의외로 깊고 무거운 사랑의 메시지였다. 나는 이보다 더 진한 사랑고백을 들어본 적이 없다. 어머님은 마지막 사랑의 시를 남기고 넓디넓은 아버님의 가슴에 안겨 숨을 거두었다. 어머님은 원래 성품이 온화하고 강직한 전형적인 사대부집 여인이었다. 어머님이 수술을 받고 병원신세를 지면서 아버님은 무사처럼 용감해지셨다. 형님들을 불러 어머님에게 필요한 치료와 병수발을 주문하시고 마지막까지 열정적으로 어머님과 사랑을 나누셨다. 아버님의 둔탁한 사랑의 세레나데는 그렇게 빨리 마무리되었다.

젊은 시절 어머님의 속을 태운 적이 꽤나 많은 아버님이지만 어머님은 단 한 번도 자식들 앞에서 섭섭한 감정을 드러내지 않으셨다. 언젠가 이 얘기를 아내에게 비쳤다가 본전도 못 찾은 기억이 선하다. 어머님의 마지막 꺼져가는 심장을 온몸으로 감싸 안은 사람은 무뚝뚝한 아버님이었다. 아버님은 어머님을 보내고

2년이 지난 어느 날, 그림자처럼 조용히 어머님 곁으로 떠나셨다. 운명의 그림자가 다가오는 것을 직감적으로 느끼는 순간, 마지막 발걸음만큼은 결코 자신의 무덤 자리로 옮기지 않으셨다. 주검의 성찬을 살아서는 받을 수 없다는 것을 알고 계셨던 모양이다. 살아서는 다시 올 수 없는 마지막 걸음을 당신은 미리 아신 것이다.

나는 틈만 나면 아이들과 부모님 산소를 찾는다. 이제는 시대가 좋아서 자가용을 타고 여행 떠나듯 달려간다. 녀석들은 아버지의 역사를 아는지 모르는지 아버님과 어머님 봉분 사이를 아내의 젖가슴을 더듬듯 돌아다닌다. 나도 그 사이에 누워 하늘을 바라본다. 그러다 하늘에 신호를 보낸다. 두 분이서 손잡고 잘 지내시냐고… 나 살아가는 것 잘 보고 계시냐고.

어머님의 주검 앞에서는 그래도 무덤덤할 수 있었다. 든든한 아버님이 버티고 있었기 때문이다. 이 세상에 더 이상 이 한 몸 의지할 곳이 없다는 생각이 들 때 마침내 철이 들었다. 어머님이 돌아가시기 전에 막내아들 결혼만큼은 꼭 시키겠다는 그 마음을 이제 알 것 같다. 사랑하는 아내와 함께 아버님의 임종을 맞았다면 이렇게 슬프지는 않았으리라. 후회는 언제나 뒷문으로 들어오는 불청객이다.

아버님의 가슴에 안긴 어머님의 주검은 슬프지 않았다. 아버님은 태연하게 나를 어루만지며 어머님의 시신을 못 보게 하셨다.

눈에 밟히는 막내아들의 정을 끊어버리려고 애써 어머님의 시신을 마중하지 못하게 막으셨다. 하지만 아버님의 주검은 달랐다. 막내아들의 도착을 기다리며 하늘거리는 천을 이불처럼 가리고 누워 계셨다. 장난스럽게 아버님의 육신을 가린 천을 들어올렸다. 마치 방금 잠이 든 사람처럼 편안해 보였다. 눈을 감고 계셨지만 익숙한 영혼의 파장을 느낄 수 있었다. 아직 떠나지 못하고 나를 기다리던 아버님의 영혼이 말을 걸어왔다. 얼굴에 연한 미소를 머금고 말씀하셨다.

"이놈아, 이제 왔어. 나 이제 네 엄마 만나러 간다."

죽어서도 자식을 위로하는 아버님의 온기가 가슴을 쳤다. 내 인생에 그렇게 가슴이 미어지도록 눈물을 흘려본 적은 없었다. 솜사탕처럼 가볍다고 느꼈던 아버님의 육신이 철갑옷을 입은 것처럼 딱딱하고 무거웠다. 아버님의 주검을 앞에 두고 철없는 막내아들은 마침내 진짜 어른이 되었다. 혼자 남겨진다는 사실이, 그 처절한 외로움이 싸늘하게 식어버린 아버님의 육신처럼 차갑게 다가왔다. 아들 녀석이 탯줄을 자르고 세상에 나왔듯이, 나 또한 아버님의 탯줄을 끊어버리고 세상에 홀로 섰다. 편안히 쉴 수 있었던 아버지라는 외딴섬을 고독한 내 가슴에 묻었다.

아버지는
두 개의 심장으로 산다

오십이 넘어서야 돌아가신 아버님의 무거운 어깨를 이해하게 되었다. 선비, 가난한 시골농부로 자존심을 지키던 아버님이었지만 막내아들 대학등록금을 마련할 길이 없자 당신의 심장 같은 천수답을 팔기로 했다. 막내아들의 미래 때문에 당신의 모든 삶을 걸었던 땅을 팔았다. 그렇게도 고집이 세셨던 분이 나이 오십에 얻은 막내아들에게는 한없이 너그러우셨다. 언제나 희망과 꿈을 이야기하셨다. 나에게 아버님은 언제나 정의로운 할아버지 돈키호테였다. 시험을 못 봐도 화내지 않으셨고, 늦잠을 자도 깨우질 않으셨다.

한 시간에 한 대씩 다니는 통학버스는 장날이면 탈 수조차 없을 정도로 미어터졌다. 그 시절 차장누나는 왜 그렇게 힘이 세던지. 중학교 1학년 첫 학기부터 반에서 지각을 도맡아했다. 할 수 없이 아버님의 품을 떠나 도시로 가야 했다. 주말이면 어김없이 고향집에 돌아와 부족한 사랑을 채우며 제왕처럼 굴었다. 일요일 밤이 그렇게도 싫었다. 일요일 밤의 저녁노을은 저승사자처럼 나를 삼켜버렸다.

그 시절, 가까운 시골 중학교에 다니는 동네 친구들이 얼마나 부러웠는지 모른다. 밝은 전등불이 지천에 깔려 있는 도시는 시골처럼 어둡지 않다. 그렇게 밝은 문명의 불빛이었지만 반딧불처럼 편안하게 내 마음까지 데워주지는 못했다.

어깨 위에 작은 봇짐을 올려놓고 마을 너머 신작로로 걸어가는 아버님의 모습은 헤라클레스를 닮았었다. 어머님의 아쉬운 손길이 마르기도 전에 나는 저만치 달아나는 아버님을 따라나섰다. 한밤이었지만 아버님과 함께 걸어가는 길은 두렵지 않았다. 아버님은 산 아래에서 힘겹게 비틀거리며 올라오는 희미한 전조등 불을 발견하면 지게 위의 봇짐을 내려놓고 매몰차게 나의 손을 잡은 후, 다른 손에 봇짐을 거머쥐었다. 버스를 세우고 계단까지 올라와서 짐을 내려놓고는 차비를 차장에게 신념처럼 건네주고 쏜살같이 내려가셨다. 가난이 늘 턱밑에 달려 있던 시절이라 시내까지 한번 속 시원히 동행하지 못했다. 매일 농사일이 태산처럼 쌓여 있었기 때문이다.

섭섭한 마음에 뒤를 돌아보면 하얀 먼지가 아버님의 허전한 어깨를 삼켜버릴 때까지 전봇대처럼 꼿꼿하게 그대로 서 계셨다. 희미한 먼지구름 사이로 거대한 희망의 섬광이 밤하늘의 유성처럼 내 심장으로 파고들었다. 아버님에게 나는 무엇이었을까? 과연 어떤 존재였을까? 아버님의 뜨거운 심장의 일부였을까. 아니면 또 다른 심장이었을까. 그저 부스러질 것 같은 막내아들이었을까.

나는 지금 모든 잡념을 뒤로 하고 책상에 앉아 수능문제집을 풀고 있는 아들을 바라본다. 대학입시의 덫에 걸린 아들이 힘겹게 고군분투하고 있다. 마음이 짠하다. 나는 그 옛날 돌아가신 아버님처럼 인자하지도, 그렇다고 무한한 사랑으로 아들을 위로하지도 않는다. 삶에 지쳐갈 때마다 괘종시계의 울림처럼 현실을 앞세워 아들을 훈계하는 것이 고작이다. 아들의 성적에 따라 희망과 절망이 날카로운 칼날의 양면처럼 아들을 위협한다.

아버님은 내 앞에서 단 한 번도 희망의 끈을 놓은 적이 없었다. 어떻게 그럴 수 있었을까? 빽 하면 아들의 지친 속을 송두리째 헤집어버리는 나의 성미는 도대체 어디서 나온 것일까? 차가운 머리로 아들의 성적표를 매정하게 바라볼 때마다 아버님의 두툼한 가슴이 한 말씀하신다.

"이놈아, 너무 그렇게 박하게 굴지 말아라."

인생의 시린 폭우가 내 가슴을 삼켜버린 적이 한두 번이 아니다. 그때마다 마음의 등불은 언제나 아버님을 향하고 있었다. 내 가난한 마음으로 아버님의 영혼이 문을 열고 들어온다. 천둥번개가 아무리 나의 가슴을 찢어놓아도 아버님의 따뜻한 햇살은 새살을 돋아나게 했다. 세찬 비바람이 지나고 나면 애잔한 삶의 속살이 드러난다. 상처가 아물 때마다 아버님의 사랑이 딱지처럼 앉았다.

IMF구제금융 쓰나미에서 겨우 빠져나온 신세로 만신창이가 된 몸을 끌고 거의 몽유병 환자처럼 달려간 곳은 부모님 산소였다. 눈물 나는 가슴을 온전하게 내려놓을 수 있는 곳이 그곳밖에 없었다. 아내가 들으면 섭섭하게 생각할 일이지만 이것은 지문처럼 분명한 사실이다. 고장 난 자동차처럼 망가진 내 자신을 길가에 세워놓고 절망에 빠지는 시간이면 어김없이 아버님의 음성이 들려왔다.

"아들아, 나는 가난하고 지친 네게 도움을 받고 싶은 게 아니라, 성공한 부자인 네게 버림받고 싶었다."

언제나 아버님의 가슴은 막내아들의 놀이터이자 숲이었다. 남산 자락처럼 가슴에 터널이 뚫리고 세상의 소음으로 지쳐갈 때조

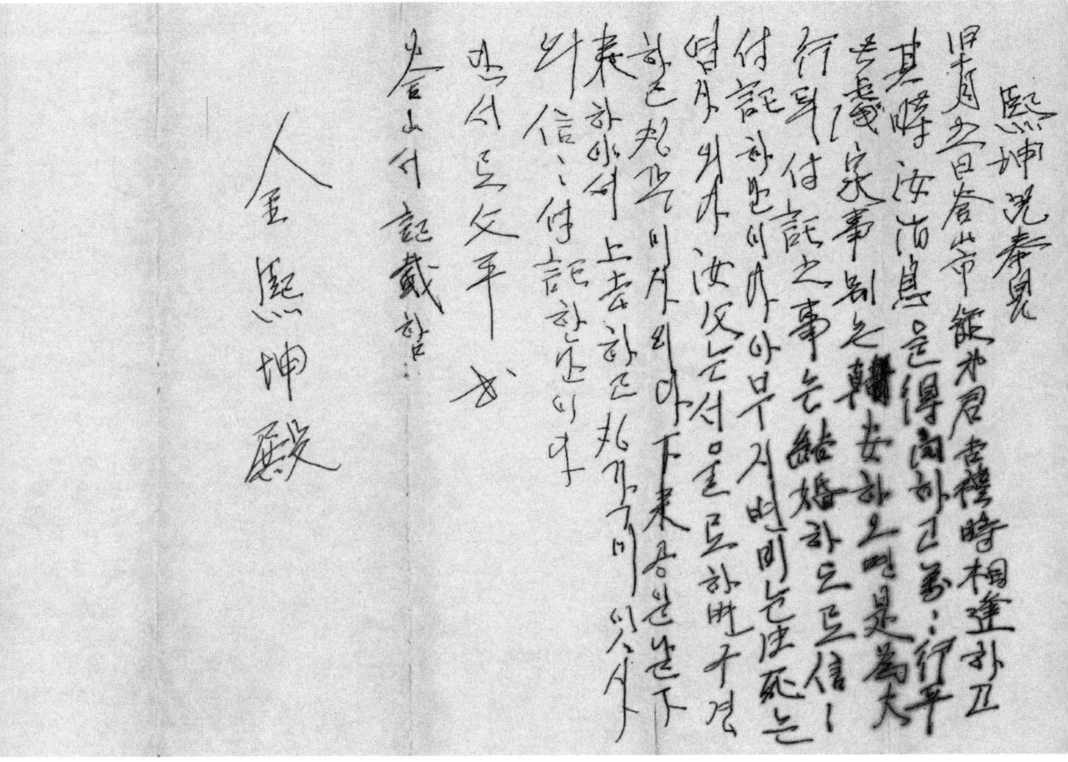
熙坤兒 奉見

[illegible] 相逢하고

其時 汝消息을 得聞하고 [illegible]

[illegible] 家事를 [illegible] 安하오면 是為大

[illegible] 付託之事는 結婚하므로 信

付託하[illegible] 아부지 [illegible] 生死는

[illegible] 汝父는 서울로 [illegible]

[illegible] 下來 [illegible] 下

[illegible] 上[illegible] [illegible]

[illegible] 信 [illegible] 付託 [illegible]

[illegible] 文 [illegible]

[illegible] 記載 [illegible]

金熙坤 殿

차 가난한 내 마음이 의지할 숲은 고향 산소였다. 정신적으로 의지할 곳이 있다는 것만으로 나는 즐겁게 성지순례에 나섰다. 내가 어떤 상황에 처해 있더라도 아버님과의 추억은 지금의 현실보다 더 강하게 나의 삶을 지배했다. 그렇다면 아들에게 나는 어떤 존재일까? 나도 아버지처럼 두 개의 심장으로 살아갈 수 있을까.

아버지의
연애 기술

가난한 시골에서 태어나 대학을 졸업하고 대기업에 취직했다고 좋아하시던 어머님의 얼굴을 지금도 잊을 수 없다. 하지만 나는 한참을 고민했다. 결국 어머님의 바람과 다르게 나의 꿈을 위해 건축사사무소에서 일하며 대학원에 다녔다. 이것이 나와 어머님의 마지막 갈림길이 될 줄은 몰랐다. 내 욕심을 채우기 위해 어머님과 함께 사는 길을 버리고 매섭게 서울로 달아났다.

서울과 울산은 직장과 공부를 동시에 짊어진 나에게 너무 먼 거리였다. 어느 날 새벽녘에 하숙집으로 들어와 막 침대로 미끄러지는 순간 청천벽력 같은 전화를 받았다. 사랑하는 어머님의 임종 소식이 얄팍한 내 가슴에 꽂혔다. 부모는 자식을 기다려주지 않는다. 어머님 마음에 쏙 드는 색시를 골라놓고 결혼을 강요할 때, 나는 얼음처럼 차갑게 거절하였다. 아버님은 어머님의 차가운 시신을 무릎에 안고서 환한 웃음을 지으며 말씀하셨다.

“니 어무이 저 세상 갔다. 이놈아! 니 어무이, 니 걱정만 하다가 먼저 갔다. 그래도 내 앞에 간기 어디고.”

마치 연극 대사 같은 그 말끝에 나의 손을 가져다 어머님 볼에 살짝 얹어주었다. 결혼하지 않은 장성한 자식을 두고 떠나는 부모의 심정을 이제 조금은 이해할 것 같다. 어머님의 주검을 앞에 두고도 아버님은 단 한마디의 꾸지람도 하지 않으셨다. 그 당시 나는 아내와 사랑에 빠져 있었다. 살아계실 때 그렇게도 궁금해하셨던 이야기를 전해주려는 듯 아버지와 나는 어머님의 시신을 옆에 두고 시시콜콜한 연애사를 밤새도록 나누었다.

아버지와 나는 어릴 때부터 못하는 얘기가 없었다. 초등학교 시절 나는 무척 장난이 심한 개구쟁이였다. 새총으로 장난하다 교실 창문을 깨뜨리기도 하고, 겨울방학이 시작할 무렵 담임선생님께서 나를 세워놓고 우등상장을 줄 수 없다고 친구들 앞에서 공표하실 정도였다. 부끄러운 줄도 모르고 아버지에게 달려가 미주알고주알 이야기할 때도 아버지는 나를 단 한 번도 야단치지 않으셨다. 결국 아버님이 조카뻘인 교장선생님을 만나고 나서야 나는 우등상장을 받았다.

어머님의 주검 앞에서 나는 아버지에게 지금의 아내와 손잡은 이야기에서부터 어디서 무엇을 먹었는지, 어디를 다녀왔는지, 무슨 이야기를 주고받는지, 심지어 언제 첫 키스를 했는지까지 털어놓았다. 아마 어머님은 그날 저녁 딱딱한 관 속에 누워서도 재미난 이야기에 심심하지 않으셨으리라.

아버님과 나 사이에는 아주 작은 막조차 없었다. 친구처럼 바람처럼 서로의 마음을 이해했다. 아버님이 돌아가시는 순간까지 잠잘 때면 나는 어김없이 아버님의 가슴에 손을 얹고서 잠이 들었다. 대한민국 육군 중위로 당당하게 군 생활을 할 때도 아버님만 만나면 개구쟁이 아이가 되었다. 그 행복이 영원할 줄 알았다. 아버님은 나에게 거대한 산인 동시에 낭만적인 친구였다.

중학교 시절 나는 지금의 울산광역시청 뒤에서 혼자 자취를 했다. 키가 반에서 세 번째로 작았으니 아마 땅꼬마처럼 보였을 것이다. 아버님은 키가 8척이시지만 나는 작고 아담한 어머님을 닮은 탓이다. 아버님이 한 잔 술에 거나하게 취하는 날이면 나를 앞에 두고 농담을 가끔 하셨다. 어머님을 지긋하게 바라보며 눈을 감고는 가슴에 묻어둔 추억을 꺼내셨다.

"니 어무이 첫날밤 호롱불 밑에서 처음 보고 키가 너무 작아서 도망갈라 했다 아이가."

실제로 젊은 시절 어머님은 아버님 때문에 속을 꽤나 많이 태우셨다고 한다. 그런 연유로 아버님은 나의 연애선생 자격을 갖추었다.

그 시절 자취하던 집에 여고를 다니던 누나들이 옆방에 살고 있었다. 1970년대 초 자취방이라고 해봐야 연탄이 고작이었다. 날마다 수돗가에 나가서 고사리 같은 손으로 쌀을 씻고 밥을 하는 것이 왜 그렇게 부끄러웠는지 모르겠다.

엄마의 정이 그리운 애틋한 마음 때문이었는지 옆방 누나들과 자연스럽게 친누이처럼 친해졌다. 일요일 밤마다 잔칫날처럼 풍성한 먹을거리들을 서로 나누며 즐거운 시간을 보냈다. 여학생들의 자취방에는 이름 모를 향기가 코끝을 자극했다. 어머님을 제외하고 여자라고는 눈을 씻고 찾아봐도 없는 집에서 자란 나에게 여학생은 신비로운 대상이었다. 틈만 나면 빈 숟가락을 들고 여고생 누나들 방에 들락거리며 밥을 먹었다. 수시로 꺼지는 연탄불에도 누나들의 밑불을 빌려와 방을 데웠다. 막내아들을 도와준다는 얘기를 전해들은 어머님은 고마운 마음을 담아 누나들을 위해 특별한 반찬을 해주었다. 누이들과 나는 너무 자연스럽게 서로에게 의지했다.

그런데 어느 일요일 아침, 무모한 일이 일어나고 말았다. 여고생 누나들이 시골집에 쳐들어온 것이다. 요즘처럼 핸드폰이 있던 시절이 아니었다. 설마가 사람 잡는다고 생각지도 않았던 일이 일어났다. 중고등학교 시절을 통틀어 여학생이 시골집을 찾아온 사건은 이것이 처음이자 마지막이었다.

운명의 그날 하필이면 나는 동네 친구들을 이끌고 오랜만에 시내에 영화를 보러갔다. 나를 제외하고는 모두 집에서 가까운 시골 중학교에 다녔기 때문에 친구들은 도시에서 중학교를 다니는 나를 부러워했었다. 그때만 해도 단체로 영화를 보러가는 날이 축제처럼 즐거운 시대였다. 당시 유명한 〈쿼바디스〉를 한 번 봤는데 영화를 잘 이해할 수 없었다. 생소한 외국배우도 그렇지만 알아듣지 못하는 영어발음에 빗물처럼 떨어지는 자막을 오가며 영화를 이해하기에는 역부족이었다. 단체관람은 한 번으로 끝나기 때문에 언제나 갈증이 남아 있었다. 오랜만에 친구들을 데리고 잘난 체하려고 시내에 나간 사이에 불청객이 들이닥친 것이다.

당황하는 어머님과 다르게 낭만주의자이신 아버님은 왕년의 실력을 유감없이 발휘하셨다. 누님들을 데리고 근처 춘도공원(고향마을에서 가장 인기 있는 볼거리와 데이트 코스를 제공하는 곳으로 온산공단 앞에 있는 섬이다. 동백꽃이 만발할 때 바라보면 바다 위에 떠있는 한 폭의 동양화 같다)까지 구경시켜주시고 맛있는 자장면도 사주실 정도로 재미있었던 분이다. 왕년의 연애 고수는 나이가 들어도 그 실력만큼은 녹슬지 않는 모양이다.

물론 나 역시 아들의 여자친구를 위해 그 정도는 할 수 있다. 그때 나는 아버님에게 감복하였다. 도포 자락을 휘날리며 사대부 양반처럼 깐깐할 것 같은 아버님에게 그렇게 낭만적인 면이 숨어 있었다는 사실에 놀라고 말았다. 나에게 두 여고생 누나의 성격과 얼굴까지 자세하게 설명하시며 은근히 눈치를 살피는 아버님은 역시 연애의 고수였다. 지금 이 순간 아들 녀석의 여자친구 이야기를 아내를 통해 들을 수밖에 없는 나의 초라함은 어디에서 나온 것일까. 한심하고 또 한심하다.

대한민국 아버지로 산다는 것

2장

나는 이제 나무에 기댈 줄 알게 되었다

나무에 기대어 흐느껴 울 줄 알게 되었다

나무의 그림자 속으로 천천히 걸어들어가

나무의 그림자가 될 줄 알게 되었다

아버지가 왜 나무 그늘을 찾아

지게를 내려놓고 물끄러미

나를 쳐다보셨는지 알게 되었다

— 정호승, 〈아버지의 나이〉 중에서

콩 심은 데 팥 나고
팥 심은 데 콩 나거라

해바라기나 자식이나 억지로 방향을 틀면 목이 부러진다. 그냥 아무 말 없이 따뜻한 햇살을 비추어주는 것으로 족하다. 성급함에 가지를 흔들고 싶어질 때마다 어린 시절의 나를 돌아보며 급한 마음을 잠재웠다. 지나친 부모님의 기대를 견디다 못해 무너져 내린 나였으니 말이다. 아들과 딸은 내 인생의 영원한 숙제이자, 축복이자, 원수다.

아들과 딸은 부모님이 2년 간격으로 돌아가시고 나서 2년 터울로 태어났다. 할아버지의 낭만적인 기질을 그대로 물려받은 아들에게 나는 비정한 칼날을 들이대며 기계적이고 차가운 인간으로 성장하기를 부추기고 있다. 아주 가끔 아들을 내 맘대로 만들고 싶은 욕망에 사로잡힌다. "개천에 용 나던 시대는 끝났다" "학벌과 부는 세습한다"는 말을 들을 때마다 급해진다. 콩 심은 데 콩 나고 팥 심은 데 팥 난다는 속담처럼 될까 봐 안절부절이다. 방귀 뀐 놈이 성낸다고 부족하고 모자라는 나를 닮았다는 말을 들을까 봐 지레 겁먹고 선수치고 있다. 콩 심었어도 팥이 나기를 간절히 기도한다.

아들과 딸이 하필이면 미천한 부모를 만나 시작도 못 해보고 추락할 것 같다는 생각이 들 때는 한마디로 미치겠다. 강남의 어느 선생님에게 맡기면 몇 등급으로 만들어준다는 아내의 말을 들을 때마다 마음은 흙탕물을 뒤집어쓴 것 같다. 갑자기 아내의 눈치를 보게 되는 가난한 남편의 자리가 죄스럽다.

서양 사람들은 자식을 하나님이 주신 선물로 생각한다. 적어도 소유물로 생각하지는 않는다. 이런 이유로 쉽게 입양을 할 수 있다고 한다. 우리에게 자식은 아직도 소유물이자 나의 분신이다. 장애아를 입양하면 비장애아가 더 바른 삶을 살아간다는 말을 들을 때마다 남의 나라 이야기처럼 들린다.

우리나라는 부모와 자식 간에 완충지대가 없다. 완충지대는 당사자의 갈등을 조금이라도 줄여주는 안전지대다. 그렇다고 녀석을 자유롭게 가만 놓아둘 수 있을까. 솔직히 자신 없다.

지나친 애정은 오히려 독이다. 자식을 너무 사랑하기 때문에 빛만 비춰주고 싶다. 나도 밤에 잠을 푹 자지 않으면 그 다음날 아무것도 할 수 없다. 그런데 녀석이 밤새워 공부하면 그냥 기분이 좋다. 내 자식만큼은 실수를 하거나 등수가 떨어지는 것을 용납할 수 없다. 내 자식은 특별하기 때문이다. 대학이 인생의 모든 것을 결정한다는 강박증이 유치원부터 입시공부로 몰아간다. 세상이 변한다고 아무리 외쳐도 소용이 없다. 현실은 차돌처럼 단단하니까.

언젠가 학기말 조촐한 술자리에서 학생들과 허심탄회한 토론이 이어졌다. 술기운이 적당히 오르자 젊은 제자가 대한민국 교육현실을 꼬집었다. 조용히 웃고 계시던 박 선생님이 입을 열었다.

우리나라 젊은이들은 하나같이 같은 목표를 향해 달려간다. 직업불만족도 순위를 보면 화려한 모델이 1위이고, 2위는 의사, 3위는 교사라고 나와 있다. 자신의 의지와는 상관없이 세상이 정하는 목표를 따라가기 때문이다. 앞으로 죽을 때까지 직업을 2~3개 정도 전전해야 하는 미래에는 대학서열의 보호막에 안주할 기회가 줄어들 것이다. 어떤 직업이라도 그 분야에서 최고가 되면 빛 좋은 개살구인 직장에서 스트레스를 받는 것보다 낫다. 자신이 좋아하는 일을 선택하여 평생 즐기며 배우고 노력하는 사람보다 행복한 사람은 없다는 요지의 이야기였다. 옆에서 듣고 있는 내 가슴까지 시원하게 뻥 뚫렸다.

학교는 어제도 오늘도 내일도 공부하라고 강요한다. 상위 5%의 성적으로 명문대학에 가야만 서열의 보호막으로 들어갈 수 있기 때문이다. 모든 얘기의 결론은 짜고 치는 고스톱처럼 공부 열심히 해야 한다는 그렇고 그런 말들이다. 사회가 어려워도 공부, 옆집 아들이 출세해도 공부, 사촌이 돈을 많이 벌어도 역시 공부뿐이다. 나조차도 공부하란 말만 입력되어 있는 단순한 아버지로 변하고 있다. 가장 짧은 시간에 성공을 거머쥐는 방법이 공부밖에 없다는 믿음은 이미 이 나라의 가장 명백한 진실이다.

아버지의 능력은 돈이다

언젠가 스페인 친구들과 한국건축과 스페인건축을 비교하는 토론을 했었다. 그들은 대뜸 한국의 전통건축은 무거운 우산을 쓰고 있는 것 같다는 말을 했다. 한국건축은 부실한 나무 기둥 위에 우산살 같은 서까래를 두 겹 얹고서 또 그 위에 무겁고 두꺼운 기와지붕을 뒤집어씌운다. 그들의 눈에 비친 한식 기와지붕은 우산을 쓰고 있는 꼬맹이의 걸음걸이처럼 둔탁하게 보였을지 모른다.

대한민국에서 아버지는 천상 한옥의 기와지붕처럼 보인다. 가족의 생계를 책임지려고 한없이 무거운 짐을 머리에 이고 시장으로 걸어가는 모습처럼 보인다. 고생이라고는 모르고 자란 어린 딸과 아들 녀석의 눈에 비친 아버지의 아름다운 모습은 사춘기 이후로 완전히 끝이 났다. 수채화 같은 가족의 아름다운 환상도 이때 끝났다. 아버지의 가난한 뒷모습과 불안한 현실이 자식들에게 그대로 보이는 순간이 언젠가는 온다. 녀석들은 아직 보이는 대로 말하고 느끼는 대로 대범하게 표현하는 나이다. 가난한 아버지는 이 순간이 제일 겁난다.

"아빠, 우리는 언제 타워팰리스로 이사 갈 거야. 친구들 집으로 데려오기 민망해…."

"우리 차는 왜 저렇게 꾸졌어. 누구 아빠 차는 회색 벤츠인데 너무 멋있더라."

여기까진 그래도 참을 만하다. 적당히 피하거나 모르는 척하면 시간이 해결해주고, 아내가 적당히 말꼬리를 돌려주기 때문이다. 그러나 보다 더 현실적으로 다가서는 말끝에는 날이 서 있다.

"아빠! 나 아빠 차 타기 싫어. 이게 사는 거야?"

할 말이 없다. 아이들이 하는 말이 다 맞기 때문이다. 건축사인 내가 봐도 세상 모든 것이 빠르게 변화하고 있는데 정작 변하지 못하고 정체되어 있는 것은 못난 아버지인 바로 나 자신이다. 자동차는 왜 그렇게 빠르게 진화하며 어제 발표된 신차를 고물로 만들어버리는지. 휴대폰은 어떻고 집은 또 어떤가.

철없는 아버지가 몰고 가는 차는 승객이 나 자신을 합쳐도 겨우 네 명밖에 안 되는데 수백 톤의 짐을 싣고 기어가는 낡은 탱크보다 더 천천히 가고 있다. 차라리 아무도 다니지 않는 길을 혼자 걸어가면 그나마 위안이라도 하고 지나치는 풍경이라도 자신만만하게 감상할 텐데 사실은 그렇지도 않다. 느림보인 나를 앞지르며 쏜살같이 달려가는 대단한 아버지들을 보면서 기가 죽는다.

세상에서 가장 위험한 적은 내부에 있는 가장 친한 사람이라는 말이 실감 난다. 같이 타고 가는 가족들, 특히 아들과 딸은 차라리 남보다 못할 때가 더 많다. 시도 때도 없이 질러대는 부러움의 탄성은 차라리 견딜 만하다. 그러나 정작 함께 힘들게 운전대를 잡고 가는 철없는 아버지를 아예 무능한 사람으로 몰아붙이면서 자신들의 허기를 채우는 아들과 딸을 볼 때면 속에서 불이 난다. 어쩌다 아내까지 한 패거리가 되어 동조할 때면 이건 차라리 지옥이다.

인생이 아무리 마라톤이라고 해도 소용없다. 화려한 운동복을 걸치고 100미터 달리기하듯 빠르게 달려가는 주변 사람들만 눈에 들어온다. 철없는 아버지인 내가 봐도 찬사를 보낼 정도로 멋진 최고급 승용차를 타고 있는데 운전 실력도 수준급이다. 도대체 내 주변의 남자들은 그렇지 않은데 어디에 저런 대단한 사람들이 숨어 있단 말인가. 탄식이 절로 난다. 그래서 아주 가끔 인생의 핸들을 꺾고 싶을 때가 있다. 내가 아주 힘들 때마다 인생의 조언을 주시는 스승이 계신다. 마음이 어려울 때마다 찾아뵈면 늘 똑같은 말씀을 하신다. 당신도 인생의 핸들을 꺾고 싶을 때가 많다고….

IMF금융위기의 파고에 무참히 떠밀려 팔자에 없는 스페인을 다녀온 뒤로 나는 변화하는 세상에 대한 몇 가지 비책을 준비했다. 건축사로서 전문성을 확보하고 나름대로 사회봉사를 하는 평생공부의 삶. 풍수에서 흔히 자연의 약한 기를 채우는 비책으로 둔덕을 만들거나 연못을 만들거나 해태상을 세우는 것과 비슷하다.

하지만 아내는 조금 다르게 생각한다. 수도승처럼 살 거라면 뭐 하러 애꿎게 나와 결혼했느냐고 놀린다. 아이들도 비슷한 생각을 가지고 있다. 5마력의 엔진을 가진 아버지가 10마력으로 달리기를 원한다. 그래서 한 가지 원칙을 정했다. 조금 적게 벌고 적게 쓰자. 이 점에서도 아내와 아이들의 생각은 조금 다르다. 철없는 아버지의 책임회피라고 생각한다.

나는 마흔다섯에 늦은 유학을 다녀온 뒤로 승용차를 버려두고 대중교통을 이용하여 출근한다. 대학에 강의하러 갈 때는 조금 불편하지만, 배낭을 메고 전철 안에서 철없이 책을 읽으며 세상으로부터 도피하면서 살아간다. 남들에게 폼 나게 말하려고 언젠가 선배가 들려준 말을 인용하기도 한다. 나는 한국제 BMW를 타고 다닌다. B는 Bus의 약자이고, M은 Metro의 약자이며, W는

Walking의 약자다. 역시 이 부분에서도 아내와 아이들의 생각은 다르다. 철없는 아버지 본인이 차를 타지 않으니까 우리 집 자동차는 고물차로 방치하고 바꿀 생각을 하지 않는다고 성토한다.

남들은 아파트 평수 넓혀가며 돈을 불리는 판에 아파트 한 채를 말아먹고도 모자라는지 유학을 다녀와선 수도승처럼 살고 있는 아버지가 달갑지 않을 것이다. 나만의 비책으로 인생을 열심히 살아왔건만 미국발 금융위기는 나를 다시 길바닥에 쓰러지게 했다. 아니 더 질펀하게 넘어졌다. 치과는 다녀올수록 아픔의 고통이 배가 된다. 미리 겪은 아픔이 고스란히 남아서 새로 만날 아픔과 한패가 되어 불쌍한 몸을 공격하는 것처럼, 한 번 길바닥에 나앉은 경험이 있는 사람을 두 번째 길바닥으로 몰아붙이는 것은 차라리 삶을 포기시키는 것처럼 고통스럽다.

사무실에 일이 수주되지 않았다. 일감이 사라지다 보니 경쟁은 더 치열해졌다. 각자 출혈이 너무 컸다. 상처뿐인 영광이었다. 한국 시장은 너무 작다는 것이 한눈에 들어왔다. 서울 시장이 마르면 지방은 생각할 것도 없는 것이 대한민국 시장이다.

생활비를 집에 가져다줄 수 없는 불쌍한 아버지는 짐이 아니라 거의 핵폐기물처럼 두려운 존재다. 그나마 조금 남겨둔 돈으로 몇 달을 견디고 나니 한여름 가뭄에 갈라지는 논바닥처럼 가난이 이빨을 드러냈다. 참 한심했다. 의지박약한 아버지가 숨죽이고 내일을 기다리며 묵묵히 걸어가고 있었는데 그만 다리가 파손되어 길이 끊어져버렸다. 급히 구명보트라도 구해서 물살을 거슬러 강을 건너야 한다. 설사 강을 건너다 죽는 한이 있더라도 방법은 그것밖에 없다. 중년의 남자에게 돈은 선택이 아니다. 돈 없는 아버지는 기름을 넣지 않으면 굴러가지 않는 고물 자동차와 다를 바 없다.

IMF구제금융 전까지 나는 단 한 번도 주변에 손을 벌린 적이 없었다. 물론 경기도 지금과는 비교할 수 없을 정도로 좋았지만, 그래도 꼿꼿하게 자존심을 지키며 건축사 행세를 할 수 있었던 것은 순전히 아내 덕이다. 마치 아내를 돌아가신 어머님인 양 응석을 부리며 살아왔다. 참 운이 좋았다. 다시 아내에게 돈을 빌려오라고 등을 떠밀 염치가 없었다. 나름대로 인생계획을 세우고 철저히 산다고 살았건만 계획은 언제나 틀어지기 위해서 존재하는 모양이다. 나는 결국 친구와 후배에게 손을 벌렸다. 그 옛날 어머님이 매일 아침 등굣길에 대문을 나섰듯이 나도 직접 돈을 꾸러 나갔다. 은행에 마이너스 통장을 더 만들 수 없으면 자존심을 팔아야 한다. 이것이 철없는 아버지의 몫이라는 것은 미국발 금융위기가 나에게 가르쳐준 교훈이다.

전화기를 들었다 놓았다 반복하기를 몇 번, 나는 용기를 내었다. 나같이 살고 있는 철없는 친구에게 부탁을 하느니 차라리 실세인 친구 아내에게 직접 부탁을 하기로 했다. 정말 어렵게 용기를 내었다. 아내 몰래 옆방에서 밤늦게 비밀전화를 하였건만 아내는 나의 행동을 알고 있었던 모양이다. 아내가 술잔을 들고 들어왔다.

"김희곤 씨 참 많이 변했습니다. 가족을 위해 돈을 다 빌리시고…."

울고 싶었지만 그냥 웃었다. 때로는 말보다 어색한 표정이 나을 때가 있다. 언젠가 들었던 먼 나라 속담이 떠올랐다. 주머니에 무거운 돌을 집어넣고 강을 건너야 강물에 쓸려 내려가지 않고 건널 수 있다고 한다. 철없는 아버지는 금융위기 앞에서 무거운 짐을 지고 다시 강을 건넜다.

사실 발 빠르게 상대를 교환하며 쌩쌩 달리는 사람들이 있다. 수많은 사람들이 함께 모여 살아가는 서울에서 그런 일쯤은 이제 흔한 일이 되었다. 나는 그런 민첩한 재주가 없다. 카드를 자유자재로 바꾸는 포커게임에서조차 돈을 딴 적이 거의 없다. 그저 묵묵하게 나의 길을 걸으며, 때로 지치더라도 어렵사리 중심을 잡으면서 가족들의 사랑을 느끼며(이 대목은 조금 걸리지만) 살아가는 것이 최선이라는 것만은 알고 있다.

철없는 아버지는 알고 있다. 돈은 힘이 세다는 것을. 하지만 매주 로또를 손에 넣어도 미래의 포만감은 가질 수는 없다는 것도 안다. 그래서 적당히 무너지는 모습을 나의 아들딸이 볼지라도 낙담하지 않고 당당하게 결핍을 체험하도록 내버려두기로 하였다. 그 결핍이 돈의 위력 앞에서 느끼는 굴욕감이라 할지라도 그것은 인생을 더욱 풍성하게 하는 저금통장이 될 수 있다고 믿는다. 그것이 철없는 아버지를 만난 아들과 딸의 인생인지도 모른다.

학군
풍수지리

서울의 아름다움을 발로 느껴보기 위해 시민들과 함께 '서울 투어'를 하며 4년째 돌아다니고 있지만 아무리 봐도 산 아래 병풍처럼 버티고 서 있는 아파트는 꼴불견이다. 바람 길과 마음 길까지 답답하게 막아버렸으니 말이다.

21세기 명당은 자녀를 좋은 대학에 보내는 고등학교가 있는 곳이다. 좋은 대학간판이 명당자리를 예약하는 것이라는 불굴의 믿음이 온 국민을 사교육에 매달리게 했다. 다가구주택이나 연립주택을 헐어내고 그 자리에 높은 아파트를 지으면 부동산 가격만 올라가는 것이 아니라 학군도 덩달아 좋아진다.

명문대학 많이 보내는 곳이 현대판 명당이다 보니 강원도 산골짝의 명문고도 못 들어가서 안달이고 부산, 공주, 울산을 가리지 않고 전국의 명문고를 찾아 유학을 떠난다. 딸아이 친구는 전주의 명문 사립고등학교에 들어가기 위해 시험을 치르고 왔다. 딸아이 진학문제로 우리 가족도 강원도의 ○○고교에 다녀왔다. 몸에 좋다는 음식에 이성을 잃는 중년아저씨처럼 명문대학 입학을 보증해주는 고등학교 앞에서 대한민국 학부모들은 이성을 잃는다.

교육문제에선 천하태평으로 알려진 동료 건축사가 어느 날 불쑥 찾아와서는 식사시간 내내 혼자 신세타령이었다. 고3 딸아이 수능시험을 일주일 남겨놓고 정신을 못 차리겠다는 것이다. 마치 자신이 시험을 치르는 것처럼 긴장된다고 애간장을 태웠다. S대 출신의 이 친구는 작년까지만 해도 강 넘어 불구경하듯 대학입시를 얘기하더니 정작 딸아이 수능 앞에서는 안절부절못한다. 지금까지 단 한 번도 그의 입에서 흘러나오지 않았던 명문대학 네트워크 이야기가 튀어나온다. 단 한 번의 시험으로 인생을 결정짓는 것이 너무 부담스럽다고 실토했다. 건축계에서 비교적 소신을 지키며 자신만의 브랜드를 만들어가는 친구도 역시 부모의 벽, 그것도 고3 수험생 학부모의 벽 앞에서 무너져 내렸다.

언젠가는 '서울 투어'의 일환으로 창의문에서 서소문까지 인왕산 자락을 탐방하고, 해거름 저녁 반주를 곁들인 식당에서 S대에 교환학생으로 다니고 있는 한 무리의 학생들로부터 질문을 받았다. 한국과 프랑스의 전문가 발굴 시스템의 차이점에 대해 듣고 싶어 했다. 한국은 이른바 고등학교를 졸업하는 순간 획득된 네트워크의 울타리에 안주한다. 공개적인 무대에서 객관적인 평가에 의한 공정한 경쟁을 하지 않아도 되는 사회이지만 프랑스는 그렇지 않다. 사회가 지속적으로 성장할 수 있는 공개적인 틀이 있다. 어느 대학을 나왔느냐도 중요하지만 그 사람의 능력과 열정이 만들어낸 작품을 평가하는 공정한 무대가 마련되어 있기 때문에 작가가 되고 싶은 사람은 끊임없이 노력하지 않으면 살아남을 수 없다. 프랑스의 가장 부러운 점은 학벌, 지연, 혈연을 넘어 공개적·객관적으로 인적자원을 발굴하고 지원하는 시스템이다. 단 한 번의 수능시험이 인생을 좌우한다는 친구의 말 속에는 자기 딸이 안전한 네트워크에 진입하지 못할까 봐 불안해하는 심정이 고스란히 놓여 있다.

대한민국의 주택문화보다 더 빠르게 현대화된 주거문화는 세계역사 어디를 뒤져봐도 없을 것이다. 더 이상 주택에서 과거의 명당 개념을 찾을 수 없다. 단독주택에서 아파트로 주거 개념을 바꾸어버렸다. 주택이 아날로그라면 아파트는 디지털이다. 옛날 같으면 상상도 못하는 일이 벌어지고 있다. 잠을 자고 똥을 싸는 상자가 수없이 위로 포개져 있다. 내 머리를 밟고 있는 사람이 있다는 사실만으로 기분 나빠질 수 있는 것이 동양의 정신세계다.

산에서 나무를 베는 산판들도 오래된 나무를 베고 나면 그루터기 위에 올라서지 않는다. 나무의 분기가 사람을 다치게 할 수도 있다는 믿음 때문이다. 풍수란 땅과 바람, 물과 햇빛과 인심까지도 그곳에 사는 사람의 기운과 조화를 이룬다고 생각하는 철학이다. 땅에서 나무가 자랄 수 있는 높이까지만 땅의 기운이 전달된다. 아파트의 높이를 감안하면 고작해야 5층 정도일 것이다. 실제로 나무를 고층에서 가꾸고 키우면 잘 성장하지 못한다.

서울의 아파트는 사람들의 생각을 바꾸어버렸다. 타워팰리스를 선봉으로 고층아파트가 고가에 팔리기 시작했다. 높을수록 전망이 좋기 때문에 더 비싸다. 창문을 함부로 열 수 없는 상자 같은 공간에서 인간은 더 즐겁다고 믿고 있다. 주택은 자동차처럼 쉽게 갈아타며 이익을 남기는 수단이 되었다. 돈과 부를 창출하는 새로운 명당 개념은 수직상승하는 높이에서 나왔다.

하루 종일 상자 속에 갇혀 지내다 보니 사람들이 더 차갑고 날카롭게 변하고 있는지 모를 일이다. 나날이 정이 없고 감정이 사라진 사람들이 늘어나듯이 고층의 아파트도 끊임없이 늘어가고 있다. 위치와 평수와 높이가 만들어내는 비물성이 새로운 명당의 기준이 되었다. 명문대학과 높은 자리가 인생의 목표인 것처럼 달려갈 뿐이다.

부모라는 직업이 있다면 포기하고 싶다

나는 반전에 반전을 거듭하는 영화에 열광한다. 그러면서도 아들의 인생만큼은 반전이 한 번도 일어나지 않기를 기도한다. 남에게 상처 주지 않고, 상처도 받지 않는 그런 삶을 살길 기도한다. 그런 삶은 현실에 존재하지 않는다. 부모로서 나의 바람은 일종의 기만인지 모른다.

아들은 남들과 좀 다른 생각과 행동을 하는 녀석이다. 공부하다 머리에 쥐가 나면 손에 책을 잡는다. 문제는 그 책이 언제나 역사책이라는 점이다. 역사와 관련된 책은 잘 때도 옆에 끼고 자는 녀석이다. 어린 시절 구립도서관의 어린이책은 죄다 읽었다.

언제부터 역사에 관심을 가졌는지는 모른다. 초등학교 시절 〈먼 나라 이웃나라〉를 페이지까지 외우고 나서 〈로마인 이야기〉 〈십자군 이야기〉, 각종 세계사, 동서양 무기의 역사, 해적 이야기, 천문학, 고조선에서 삼국시대 신라와 조선으로 이어지는 역사 백과사전, 〈반지의 제왕〉 〈강대국의 비밀〉까지 끊임없이 확장하였다.

게임할 때도 마찬가지다. 군주게임이나 스타크래프트 같은 가상의 영토를 다루는 게임을 좋아한다. 지금도 시간만 나면 게임 웹사이트를 전전하며 상상 속의 지도를 그리는 것이 취미다. 최근에는 기원후 전쟁역사 도표를 깨알같이 번호를 매겨가며 그리고 있다. 지나친 집착처럼 보이지만 아들의 취미도 진화한다.

남과 다르다는 것이 즐거운 것만은 아니라는 사실을 아들을 보면서 깨달았다. 부모에게 자식은 영원한 유리그릇 같다. 아내는 아들을 두고 존 네쉬(영화 〈뷰티풀 마인드〉의 실제인물인 경제학자. 현실과 가상을 구별하지 못하는 정신병을 앓은 천재)라고 부른다. 이름하여 김 네쉬. 세계지리와 역사에 관해서는 자타가 인정하는 권위자이기 때문이다. 수능예비시험에서 문제 한 번 풀어보지 않은 사탐은 1~2등급이 나올 정도로 책을 읽었다.

이쯤 되니 자신만의 상상력이 있어야 한다고 끊임없이 외치고 다녔던 나조차 아들의 미래가 은근히 두려워졌다. 가끔 부모라는 직업이 있다면 포기하고 싶다. 이래저래 걱정을 끼고 살아가는 사람이 부모다. 만약 부모자격시험을 지식이 아닌 가슴으로 치른다면 나는 분명히 낙방할 것이다. 겉으로 드러내놓고 얘기하지는 못하지만 아이들이 이름을 대기에 부끄럽지 않은 대학에 들어가기를 간절히 바라고 있다. 이것이 이 땅에서 살아가는 아버지들의 공통된 바람이다. 세상 어느 부모가 나와 다른 생각을 하겠는가. 속물 같다고 비난할 수는 없는 일이다.

남들이 가는 길과 너무 다르기 때문에 때로는 아들이 걱정스럽다. 마치 누군가 잔뜩 진탕을 쳐버려서 물속에 무엇이 있는지 구분하기 힘든 상황이다. 시간이 좀 지나야 물속을 확인할 수 있다. 시간이 더 지나면 물밑의 움직임까지 알아차릴 수 있지만 자식 문제 앞에서는 그 기다리는 시간이 지옥처럼 길게 느껴진다.

실패는 남의 아이들 얘기고 내 아들만큼은 기필코 성공할 것이라는 맹목적인 믿음이 흔들리지 않았다. 약삭빠르게 정답을 골라줄 족집게 과외선생님을 붙여주고 싶은 마음은 여느 부모나 마찬가지다. 인생의 답을 찾는 일처럼 부질없는 짓도 없지만 아들의 입시 앞에서는 자꾸만 조급함을 넘어 과욕을 부리고 싶어진다. 열 사람 중 한 사람이 성공한다 해도 그 가능성을 곧바로 아들의 가능성으로 착각해버리고 만다.

녀석과 벌이는 신경전의 대부분은 언제나 나의 지나친 욕심과 관심 탓이다. 수험생 부모가 되면 자식이 노는 꼴을 못 본다. 수

도꼭지를 잠그듯 녀석의 휴식시간을 잠그고 싶다. 조용히 우유만 생산하는 젖소 같은 아들이 되기를 바라게 된다. 아내는 아들이 감방에 갇힌 죄수라도 되는 양 순찰한다. 시간마다 들이대는 간식처럼 공부의 식단을 짜지 않으면 두려워진다. 참으로 이상한 게임에 빠져들었다. 축사 같은 좁은 방안에 녀석을 가둬놓고 과학적으로 사육하는 기술을 수험생 아들에게 적용하고 있다.

사령부 작전기획실과 목숨이 왔다 갔다 하는 전쟁터의 생존방법은 다르다. 전쟁터에서는 생존법칙이 무엇이든 우선 살아남아야 한다. 위태롭게 생명을 부지하더라도 내 아들딸만은 좋은 대학에 들어가야 하는 것이 현실이다. 주위의 살 만큼 사는 사람들은 모두 자식을 외국에 보내고 있다. 이 땅에서 내 자식이 헤매는 꼴을 차마 볼 수가 없기 때문이다. 자식의 교육 앞에서 미래는 없다. 오직 현실만이 존재하는 전쟁터다. 설마 저 사람까지 하고 희망 품어보지만 역시나 존경하는 그 분의 아이들마저도 외국에 있었다.

철마다 비타민과 영양제, 온갖 보약과 건강보조식품을 들이밀며 오로지 성적만 오르기를 기원한다. 광우병보다 무서운 질병이 녀석에게 나타날지도 모른다. 자유롭게 초원을 뛰어놀 수 있는 시간은 현실에서 사라졌다. 대학이라는 낙원에 들어가기 전에는 꿈속에서나 만져볼 뿐이다. 달이 차면 기울듯이 녀석도 스트레스가 목까지 차면 꼭지가 틀어진다. 아주 대놓고 "죽고 싶다"는 무서운 이야기를 태연하게 한다. 침대가 단식농성장인 양 벌렁 드러누워서 "나 오늘 학원 못 가! 머리가 아파서 못 가겠어!" 고래고래 소리를 지른다.

노사 간 대립은 가정에서도 일어난다. 투자만 하는 부모의 입장은 경영자로, 생산 일선의 아들은 노동자로 변한다. 녀석은 분명 사육되는 지식노동자임에 틀림없다. 부모의 막연한 기대를 먹고 사는 녀석이 언제나 협상의 우위에 있다. 결국 물질적인 보상으로 녀석의 노동쟁의는 일방적으로 끝난다. 녀석은 부모의 의중을 꿰뚫고 있다. 아무리 많은 물질적인 보상을 감수하더라도 학원수업은 빠지면 안 된다는 것이 부모의 생각이란 것을. 학원에 가서 설사 잠을 자고 노는 한이 있어도 학원 현장을 벗어날 수 없다는 것을 알고 있다. 부모는 부모대로 불안한 자유를 선택하기보다 형식적인 안정감을 원한다. 어쩌다 녀석 편을 드는 날에는 아내의 매 같은 눈빛과 야만적인 접대가 시집살이보다 더 매섭게 날아온다.

고3 수험생의 모범적인 생활은 모든 학생들에게 똑같이 적용된다. 오로지 눈앞에 놓인 목표를 향하여 무작정 달려간다. 예외는 없다. 숨 막히는 강행군을 위해 모든 가족은 희생을 감수한다. 21세기 첨단 문명시대에 우리는 교육 이데올로기가 연출하는 한

편의 시트콤을 보고 있다. 돈만 풍족하다면 나도 그 드라마의 주인공이 되고 싶었다. 팔 자산이라도 있었다면 나도 그렇게 했으리라.

집이 어떻게 지어지는지 잘 모를 때는 막연하게 그림을 그린다. 그러나 조금이라도 실무적인 디테일을 알고 나면 함부로 선을 그릴 수가 없다. 모든 것이 문제가 되기 때문이다. 이쯤 되면 아는 것이 오히려 장애가 된다. 구조와 디테일을 정확하게 모를 때는 거침없는 상상력이 날개를 펼친다. 하지만 적당히 알고 나면 오히려 상상력이 꺾이고 만다. 덜컥 겁부터 나기 때문이다. 이때 가장 필요한 것은 끝까지 상상력의 날개를 꺾지 않는 배짱이다.

소련 태생의 위대한 미국건축가 루이스 칸은 집을 짓기 전에 먼저 벽돌에게 '너는 무엇이 되고 싶으냐?'고 질문하였다. 벽돌은 직육면체의 작은 덩어리에 불과하지만 그 재료가 지닌 가능성을 상상력의 눈으로 바라보는 순간 생명을 얻는다. 벽돌은 그저 단단한 덩어리에서 아름다운 궁전으로 다시 태어난다.

아들의 인생도 마찬가지일 것이다. 아들 녀석은 나와 다른 시대의 새로운 가치로 무장하고서 자신의 삶을 살아갈 것이다. 뭐가 되고 싶은지, 어떤 인생을 꿈꾸고 싶은지, 무슨 잠재력을 간직하고 있는지, 이런 질문을 던지는 순간 녀석의 영혼은 새로운 가능성과 상상력의 날개를 펄럭일 것이다.

강남아빠 따라잡기

아내는 아들이 중학교 3학년에 올라가자 마침내 감춰두었던 학원이라는 카드를 꺼냈다. 중학교 1학년인 동생의 무서운 질주 앞에 오빠의 입지가 좁아졌기 때문이다. 전교등수가 목표인 동생에게 반에서 30% 성적인 아들의 자존심은 설 자리가 없었다. 집 밖에서만 이루어지던 경쟁이 어쩌다 집안으로 들어왔다. 뜨거운 감자 두 개가 아내 손에 놓였다. 아내는 갑자기 용감한 투사로 변했다. 아들 수준의 엄마들만 상대하다가 갑자기 딸 수준의 엄마들과 놀다 보니 아내의 교육일기는 거의 대치동 수준을 따라가고 있었다. 나비처럼 날아서 벌처럼 쏘듯 정보를 획득하는 강남엄마들 사이에서 무쇠처럼 단련되었다. 어느 순간 아들을 바라보는 아내의 눈빛이 예전 같지 않다.

대한민국 제1호 호구는 남편이다. 그나마 예전엔 돈벌어오는 기계 정도로 대접이라도 온전하게 받았지만 요즘은 턱도 없는 일이다. 박지성 같은 슈퍼스타가 얼마나 많은지 나 같이 변변치 못한 남자는 명함도 못 내민다.

기동력과 정보력의 기초체력은 뭐니 뭐니 해도 돈과 학력이다. 돈만으로는 부족하다. 아버지 직업이 대기업 임원이거나 판검사, 교수, 의사, 고위직 공무원 정도는 돼야 정보력이라도 갖추지 쭈그러드는 건축 경기에 한숨짓는 건축가가 무슨 힘을 써보겠나. 돈과 정보력을 기반으로 모든 시간을 자식에게 쏟아 부어야 강남 엄마의 대열에 낄 수 있다.

아내는 적당히 굴러다니는 정보를 여러 번 걸러서 쓸 만한 것을 찾아내는 모양이다. 잘못 끼어들었다가는 본전도 못 찾는다는 것을 잘 알기에 적당히 뒤에서 눈치나 보는 것 같다. 아내의 휴대폰은 영업사원 전화기처럼 시도 때도 없이 울려댄다. 언제부터인가는 다른 학부모에게 상담까지 해주는 수준으로 변해 있었다.

40~50대 남자들이 집에 열심히 돈 갖다 바쳐가며 겨우 폭탄주로 가슴을 삭이다 주말 골프장을 기웃거릴 수밖에 없는 이유가 있다. 남편의 정보력과 돈과 시간은 산업시대에 머물고 있는데,

아내의 인프라는 최첨단 IT로 무장해있기 때문이다. 소프트웨어가 부실한 사람은 돈이 더 들어간다. 다행히 아내는 컴퓨터를 활용할 줄 알았다. 제대로 돈도 못 벌어다주는 남편과 살면서 첨단 도구까지 사용하지 못하면 연전연패를 당할 게 뻔했을 것이다.

뛰는 놈 위에 나는 놈 있다고? 대한민국 입시현장을 두고 하는 말이다. 아무리 문을 꼼꼼하게 닫아두고 청소를 해도 끝없이 쌓여가는 먼지처럼, 보이지 않는 틈은 항상 존재한다. 정부에서 내놓는 교육 관련 정책 정도는 하이에나처럼 냄새를 맡고 달려드는 강남엄마들에게 무용지물이다. 어떤 정책을 내놓아도 한동안 시끌벅적하다 그만이다. 연예인 루머 잊혀지듯 수그러들고 나면 내성이 더 강한 신종 인플루엔자로 무장하고 나타나는 것이 입시판이다.

똑똑한 어머니의 정보력과 성실한 아버지의 무관심과 능력 있는 할아버지의 경제력이 있어야 자식을 소위 명문대학에 보낼 수 있다고 하니 철없는 아버지에 불과한 나는 웃어야 할지 울어야 할지 모르겠다. 어머니의 정보력 부문 점수만 겨우 낙제점을 면할 것 같다. 그나마 능력 있는 할아버지 역할을 장인 장모님이 적당히 하시는 눈치다. 전교등수를 달리는 딸아이를 붙잡고 경제적인 처우 개선을 내걸며 통사정을 하시는 모양이다. 이번에 1등하면 원하는 걸 다 해주시겠다는 뭐 그런 공약일 테다. 딸아이 귀에다 대고 그런 말씀을 하시는 게 어쩌면 당연하다. 요즘 할아버지 할머니들의 최대 화두는 누구 집 손자가 어느 대학에 들어갔나, 누가 고시 패스를 했나, 누구 집 자식이 의사나 대학교수가 되었나 하는 것들이기 때문이다.

적당히 손자 손녀의 손을 잡고 공원이나 산책하며 용돈 주고 맛있는 것 사다주는 것은 호랑이 담배피던 시절 이야기다. 대부분의 할아버지 할머니들은 전쟁과 가난을 이겨내기 위해 자식들 뒷바라지라는 것을 제대로 할 시간도 없이 열심히 세상을 사신 분들이다. 이제 적당히 돈과 시간을 가지게 되었고, 또 상대적으로 젊어졌기 때문에 그동안의 자식교육 노하우를 손자 손녀에게 쏟아 붓는다. 딸아이가 그나마 공부만큼은 싹수가 보이는 통에 틈만 나면 외할아버지와 외할머니가 목을 맨다.

철없는 아버지인 나도 주말이면 할 수 없이 딸아이 학원이 있는 대치동으로 운전기사 노릇을 한다. 주로 으슥한 밤이지만 대치동 학원가에 다다르면 차를 주차하고 기다리기가 어색하다. 대낮 같은 간판의 불빛과 자동차의 환한 전조등으로 무슨 별천지에 도착한 것 같다. 소심한 아버지인 나는 적당히 알아서 멀찌감치 차를 주차하고 딸아이에게 문자메시지를 보낸다.

'아빠 어디 건물 옆 골목에 있어'

문자 씹기로 유명한 딸아이는 묵묵부답이다. 속이 타들어가는 철없는 아버지는 기어코 아내에게 전화를 한다. 그러면 아내는 "좀 기다려, 갈 거야" 이걸로 끝이다. 아빠가 온 것이 반갑기도 하겠지만 적당히 쪽팔리는 자기 신세도 생각은 하겠지. 아빠의 고물차를 친구들에게 보여주기 싫을 것이다. 밤늦게 나타난 모든 차들은 하나같이 우리 차보다 고급이다. 어쩌다 가뭄에 콩 나듯 소형차가 보이지만 그것도 외제차 일색이다. 시무룩하게 다가서는 딸아이는 아무 말도 하지 않고 고개를 차창에다 고정하고는 눈을 감는다. 아빠가 눈치도 없이 장난을 치려고 유통기한이 지난 농담을 건네면 매정한 딸은 이렇게 말한다.

"아빠, 학원에서 진이 다 빠졌어. 지금 장난칠 기분 아니야."

철없는 아버지, 보기 좋게 한방 맞았다.

아버지는 고독을 복으로 타고 태어났다

아들과 딸은 가끔 아내와 한통속이 되어 자신들의 욕구불만을 불쌍한 아버지를 상대로 해소할 때가 있다.

"우리 아빠! (여기까진 참 좋다) 명예는 좀 챙기는 것 같은데 경제는 완전 젬병이셔."

이럴 때마다 투명장막 안에 갇힌 기분이다. 아버지를 아예 바보로 만들 심산이다. 아버지가 해왔던 여러 가지 이력으로 보아 사회적 위치는 대충 알겠는데 도대체 경제적인 실익이 없다는 것이다. 대학 겸임교수로, 심의위원으로, 각종 특강으로, 건축문화 아카데미 위원장으로 뻰질나게 돌아다니는데 도대체 집에 돈이 없다며 한탄이다. 이번에는 아내가 모닥불에다 휘발유를 통째로 갖다 붓는다.

"니네 아버지 그나마 집 살 돈으로 스페인 유랑 다녀오시더니 한량처럼 살고 계신다."

이쯤 되면 집안에서 적당히 외톨이가 된 거나 마찬가지다. 종류를 알 수 없는 외로움이 밀려온다. 아버지는 항상 외면을 당하는 것도 모자라 왕따를 당한다. 어쩌다 밥상머리에서 아들과 딸의 대화에 끼어들라치면 상황과 맞지 않는 엉뚱한 말을 던진다고 대놓고 놀린다. 복잡한 앞뒤 사정을 제대로 이해할 수 없는 아버지는 겨우 알아듣는 몇 마디의 말에 의미를 두지만 함께하기에는 너무 먼 당신이다.

네 사람이 모여 가족을 구성하였건만 아버지는 언제나 줄넘기에서 박자를 못 맞추고 넘어진다. 눈치 없는 아버지 때문에 박장대소를 하거나 대화의 리듬이 깨진다. 드라마를 안 보니 말귀를 못 알아듣고, 최신 유행가 가사를 모르니 왕따를 당한다. 세상인심 한번 매몰차다는 생각이 든다.

그래도 아내는 내 편인줄 알았는데 자식 편을 들고 나설 때는 가끔 마음이 상한다. 가족이 모래알처럼 모였다 흩어지다 보니 먼지보다 더 결속력이 줄어들었다. 아무리 벌어도 시원찮은 수입, 경제적으로 늘 힘든 아버지의 주머니 덕에 녀석들이 학교에서 기를 제대로 펴지 못한다고 한숨지을 때마다 대책이 서지 않는다. 왜 다들 끝이 없는 목표를 향해서 허둥대야 하는지 철없는 아버지는 도대체 알 수가 없다.

언젠가 결혼 안 한 직원이 '결혼은 언제 해야 할까요?'라는 밑도 끝도 없는 질문을 던진 적이 있다. 나는 거의 반사적으로 "낙화의 아픔을 즐길 수 있을 때 결혼하든지"라고 말해버렸다. 평생 뜨거운 불처럼 살 수만 있다면 얼마나 좋을까. 미안하지만 그런 일은 없다. 사막을 횡단하는 재미를 느끼는 자는 많을지 모르나 물 한 모금 없는 사막에서 평생 살아갈 사람은 아무도 없다.

그 옛날 할아버님과 아버님은 사랑방에서 책과 긴 담뱃대를 토닥거리며 연륜을 과시하고 사셨지만 지금은 어림도 없는 일이다. 오늘날의 아버지는 가족의 주변을 맴돌며 시스템의 일부라도 되기 위해 안간힘을 써야 한다. 영어사전을 뒤적이며 남의 나라 말을 해석하듯이 아내를 쳐다보며 녀석들의 말을 해석해야 한다. 녀석들의 말을 적당히 해석까지는 어떻게 해보겠는데 이제는 동시통역이 안 되면 무리에 끼워주지를 않는다. 이거 미치고 환장할 일이다. 동시통역이라니… 이게 어디 한순간에 될 일인가. 동시통역은 아주 집중적으로 물고 늘어져야 겨우 해결되는 문제가 아닌가. 마흔 중반 스페인 유학에서 수없이 눈뜬 봉사 역을 감수하며 겨우 수업을 따라가던 기억이 떠오를 때마다 등을 타고 땀이 흐른다.

도대체 요즘 청소년들의 은어는 알아들을 수가 없다. 헐! 안습! 대박! 정도까지는 그렇다 치더라도 최신 유행가사를 줄줄 외는 녀석들의 대화에는 끼어들 수가 없다. 모 재벌회장님의 밥상머리 교육은 이젠 옛말이다. 할 수 있다고 외치고 다녀봐야 녀석들은 꿈적도 하지 않는다. 가슴에 와 닿지 않기 때문이다. 유일하게 한 가지 방통이 있긴 하다. 적당히 아버지가 망가지는 수밖에 없다. 그러면 녀석들은 좋아한다. 아니 아내가 더 좋아하는 것 같다.

나는 녀석들의 주위를 맴돌며 눈치로라도 말을 알아들으려고 억지로 노력한다. 가정에서 아버지의 진정성은 무엇일까. 서툰 걸음으로 뒤뚱거리더라도 가족과 함께 걸어가며 공감하는 일뿐이다. 철없는 아버지는 열심히 돈을 벌고, 녀석들의 분위기를 망치지 않으려고 아버지의 자존심을 버린다. 가족의 평화를 위해 직장에서나 가정에서나 매한가지다. 아버지를 버리는 것만이 철없는 아버지가 사는 유일한 길이다. 그래서 때로 외롭다. 아버지는 고독의 지복을 누리며 산다.

도대체 인생은 왜 살면 살수록 더 힘들고 지치는지 모르겠다. 금융위기로 여기저기서 사무실 문 닫는 소리가 들린다. 공기업의 요직으로 큰소리치며 술자리를 책임지던 친구가 언제부턴가 모임에 나오기 싫어한다. 은퇴 아닌 은퇴를 하고 목에 힘을 줄 수 없기 때문이다. 아무리 열심히 노력해도 앞으로 나아가기는커녕 매번 그 자리다. 어쩌다 조금 실수하면 인정사정없이 뒤로 밀려버리는 이 세상이 참으로 원망스럽다. 아이들 학교에서만 1등이 살아남는 것이 아니라 내가 발붙이고 있는 사회도 마찬가지다. 그렇다고 과감하게 그 트랙에서 벗어나지도 못하고 전전긍긍하고 있다.

어릴 때만 해도 50대는 인생의 여유를 즐기는 나이쯤으로 알았다. 그러나 지금 나는 인생의 가장 버거운 짐을 짊어지고 하산길을 내려가고 있다. 등산을 하다 보면 정상에 오래 머물 수 없다. 그렇다고 산 중턱 그루터기에 엉덩이를 붙이고 정상인 것처럼 편안하게 앉아 있을 배짱도 없다. 잠시 쉬다가 사람들 무리에 섞여 정상으로 발걸음을 옮기며 준비된 희열과 낭만을 즐긴다. 그리고 다시 올라왔던 길을 고스란히 더듬으며 내려온다. 이때 무릎 관절에 심한 충격을 주지 않도록 해야 한다. 어쩌다 아들을 등에 업고 내려오는 젊은 아버지를 보게 되면 나의 현실이 조용히 겹쳐진다.

아들 녀석과 딸아이에게 좋은 아버지가 되지는 못하더라도 자식들 앞길을 막아서는 못난 아버지는 되지 말아야 한다는 생각이 앞을 가린다. 하산 길에 내 다리도 힘이 빠져 휘청거리지만 안고 있는 아들딸이 다칠까 봐 바쁜 두 다리를 조심스럽게 움직이며 리듬을 찾는다. 가파른 경사만큼이나 비탈진 산길을 막아서는 돌무리와 나무덩굴을 피해가며 땀을 흘린다. 막상 하산을 마치면 또 바쁘게 차를 몰고 집으로 허탈하게 돌아서겠지만 이것이 인생이라는 것쯤은 알고 있다. 세상에 치이고 밀리고 낙오되기 직전까지 몰리면서도 어쩌면 내 등에 지고 있는 미래의 아름다운 꿈 때문에 나는 오늘을 더 활력 있게 살아가는지 모른다.

나는 가끔 가출하고 싶다

나는 알고 있다. 남자들이 골프에 빠지는 이유를. 남자들이 단골 술집에서 여인의 값싼 위안을 안주 삼아 무거운 현실을 내려놓는 이유를. 남자들이 몸과 마음이 아플 때마다 어머니의 자궁을 닮은 자신만의 굴 속으로 파고들어 가는 이유를, 나는 알고 있다.

현상공모에서 연이어 낙방하고 1월의 찬기를 삭이며 억지로 버티고 있을 때, 출판사 편집장으로부터 매몰찬 비평을 받았다. 차가운 빗길을 달려 무작정 도착한 곳이 남한산성이었다. 마침 겨울비가 그친 오후라서 그런지 안개가 자욱하게 나를 감싸 안았다.

공중부양을 하는 기분으로 비탈길을 올랐다. 남한산성을 좋아하는 이유는 수직상승을 하면서 수평요동이 동시에 이루어지기 때문이다. 정상에 도달할 즈음에 나타나는 귀울림 증상을 나는 무척 좋아한다. 갑자기 수직상승할 때의 기분을 육체적인 저항으로 느끼는 순간은 마침내 신천지에 도달했다는 신호 같다. 남한산성으로 도망치는 것도 수없이 가출해본 경험으로 겨우 찾아낸 작은 비법이다. 술집을 전전하며 값싼 동정심을 불사르기도 하였고, 불쌍한 친구를 불러내 위문공연을 벌이기도 하였지만 다 허사였다.

현실의 견고한 덫에 걸린 중년남자가 갈 곳은 그리 많지 않다. 부처님 손바닥 안이다. 너무 오랫동안 동물원 우리 안에 갇혀 지내다 보니 밀림으로 들어가는 것도 겁이 난다. 용기도 연습이 필요하다는 것을 나는 알고 있다. 매일 운동하지 않는 사람이 갑자기 높은 산을 탈 수 없듯이 한 번도 작은 용기를 내보지 못한 사람이 갑자기 가출한다고 갈 곳이 있는 것도 아니다.

예전에는 틈만 나면 지도를 보며 가출 장소를 고르기도 했었다. 늦은 저녁 경부선을 타고 무작정 시간의 반대편으로 달렸다. 중력에서 벗어난 방랑자들과 한 패거리가 되어 달리는 기차 안에서 세상을 등지고 무한정 자유를 느껴보았다. 하지만 나이 든 중년남자에게 자유는 헛되고 헛된 것이다. 너무 많은 현실의 고리들이 튼튼하게 나를 감싸고 있다.

여행처럼 밤길을 달려 남의 초상집에 간 적은 있지만 나 자신의 행복을 위하여 낭만적인 밤길을 끝도 없이 달린 기억은 많지 않다. 의무처럼 여름휴가를 보낸 것이 그저 추억으로 남아 있을 정도다. 길들여진 일상 속에서 감흥 없이 달려가는 지하철 2호선처럼 그냥 묵묵하게 앞만 보고 달려왔다. 신용카드도 마음대로 쓸 수 없게 된 지 오래다. 아내의 카드내역은 빛처럼 빠르게 나의 핸드폰에 찍히고 나의 카드내역은 아내의 핸드폰에 인주처럼 찍히는 시대를 살아가고 있다.

하지만 아버지에게도 그늘이 필요하다. 아내는 밤마다 서양란 화분을 검은 비닐로 감싼다. 난도 밤에 잠을 제대로 자지 못하면 꽃을 피울 수가 없기 때문이다. 나도 어머님의 자궁 같은 동굴 속에서 쉬고 싶다. 아무도 없는 곳으로 가출하고 싶다. 불행하게도 21세기 문명화된 사회를 살아가는 가난한 가장의 탈출구는 그리 많지 않다. 늦은 밤 대리운전에 의지해 안전하게 대문으로 들어가는 것이 고작이다.

남한산성에 도착하면 나는 댓돌 위의 신발처럼 조신하게 차를 세우고 느린 걸음으로 작은 굴로 걸어간다. 아주 오래된 낡은 성당이 겨우 찾아간 나의 동굴이다. 짙은 어둠이 마치 나의 지친 영혼을 가려주는 것 같아서 오히려 편안하다. 마음이 지쳤을 때 밝은 공간은 오히려 낯설게 느껴지는 법이다. 조용히 밀떡이 안치된 작은 불빛을 향하여 다소곳이 앉는다. 더 솔직하게 말하면 하나님에게 따지려고 찾아온 것이다. 어쩌면 죽어가는 열정을 살리기 위해 안간힘을 쓰는 건지도 모른다. 천천히 나의 불만과 불안을 정리한다. 그리고 하나님에게 어린 아이처럼 칭얼대본다.

하나님, 이건 너무 심한 것 아닙니까, 이 정도면 충분하지 않습니까 하고 막연한 분기를 풀어놓는다. 잠시 후 어둠 속에서 무겁고 장중한 목소리가 심장으로 파고든다.

"너는 네 자신이 누구인지 정확히 아느냐. 너는 나의 위대한 작품이다. 나를 믿기 전에 네 자신부터 먼저 믿어라."

하나님의 말씀이 마음의 중심을 잡는다. 마음이 아플 때는 어둠이 차라리 더 편하고 좋다. 육체는 어둠으로 소거되고 정신은 별처럼 작은 점으로 남아 허공을 날아다니기 때문이다. 나는 독실한 신자는 아니다. 그러나 참혹하게 외롭고 아픈 순간을 견딜 수 없을 때마다 영혼의 굴 속으로 들어가 화난 마음을 그대로 분풀이하는 나만의 아지트가 작은 성당이다.

시간이 지나면서 어둠이 사라지고 아주 천천히 의식이 돌아오듯 주변의 물체가 느긋하게 다가온다. 구겨진 마음이 조금씩 펴지고, 생의 탄력을 찾게 되며, 다시 세상 속으로 나갈 수 있는 힘이 생긴다. 인생의 근육이 새로 자리를 잡고 단단해지는 순간 나는 다시 외친다. 그래 한 번 더 해보자. 다음에는 제대로 가출해보자. 이런 저런 눈치 보면서 적당히 중립적인 자세를 취하기보다 나 자신을 믿고 당당하게 가출을 해보자. 그러기 위해 아내와 아이들이 기다리는 집으로 돌아가자.

자식 교육문제에는 큰소리치지 마라

슬며시 홑청이불을 덮어주고 가는

딸년 맴에 일부러 코를 코는데

바로 그 손길로 내가 아버지를 묻고

나 또한 그렇게 묻힐 것이니

— 정철훈, 〈아버지의 등〉 중에서

불안한
아들의 성적표

나이가 들수록 아들과 나의 관계가 변해간다. 만년 풍족할 것 같던 녀석의 인생에도 가뭄이 찾아왔다. 시간은 인정사정없이 아들과 나의 삶을 몰아붙였다. 녀석은 아버지보다 더 무거운 짐을 지고 끝도 없이 이어지는 경쟁의 대열에 뛰어들었다. 삶의 여유라고는 없어졌다. 지나친 경쟁으로 인격은 불판 위의 오징어처럼 쭈그러들었다.

녀석이 중학교 1학년 때는 옆집 불구경하듯 바라볼 여유가 있었다. 2학년이 되자 대문 앞에 폭탄이 떨어진 것처럼 좌불안석이더니, 3학년쯤 되니까 거실에 불이 옮겨 붙은 것 같았다. 정신없이 불을 끄고 있는 가족에게 미래를 준비할 여유는 남아 있지 않았다. 대한민국 입시는 당해보지 않은 사람은 그 진가를 알 수 없다. 시집살이 해보지 않은 사람이 고추보다 매운 시집살이의 맛을 설명할 수 없는 것처럼. 니가 장맛을 알어….

자존심을 세우기에는 턱없이 모자라는 녀석의 성적표가 부모와 자식 간의 거리까지 멀게 했다. 결과가 중요하지 않다고 말하는 사람들은 모두 거짓말쟁이처럼 보였다. 왜 공부를 해야 하지? 이보다 더 바보 같은 질문은 없다. 목표만이 마천루처럼 길목을 지키고 서 있다. 현실이 괴로울수록 녀석은 매일 좋아하는 역사책만 읽으며 자신의 동굴로 들어가 버렸다. 아내와 나는 참고 참았던 녀석의 성적을 들먹였다. 끊임없는 불화가 평화로운 가정을 아수라장으로 만들었다.

예전처럼 조용하고 목가적인 가족 분위기는 온 데 간 데 없이 사라졌다. 불만족스러운 나의 삶을 하필이면 녀석이 고스란히 물려받을 것 같다는 불안함이 녀석을 막다른 골목으로 몰았다. 사랑이라는 이름으로 아들을 학대하는 이상한 연극이 시작되었다. 녀석이 그렇게도 좋아하는 역사책을 잔뜩 쌓아놓고 독서 삼매경에 빠져 있는 모습이 더 이상 아름답지 않았다. 녀석의 불안한 성적은 나의 자존심을 위협하는 화살이 되어 날아와 꽂혔다. 가족은 이제 서로의 짐이 되었다.

시제품에 불만인 공장장이 두 번째 제품에 심혈을 기울이는 것은 어쩌면 당연한지 모른다. 그러나 상대가 물건이 아니고 자식이라면 너무 가혹한 처사다. 공부의 신처럼 타고난 딸의 소프트웨어는 아들과 완전히 정반대였다. 절도 있는 군인처럼 심지가 나이보다 조숙하게 똑바로 서 있다. 극도의 압력이 요구되는 공수특전훈련에도 끄떡없이 견뎌냈다. 오히려 자신의 타고난 감각에 스스로 감동하고 있었다. 할머니의 무의식에 남아 있는 오래된 남아선호사상이 딸의 마음을 아프게 할수록 딸은 더 단단하게 무장하였다.

똑똑한 딸과 멍청한 아들의 구도는 남한과 북한처럼 재미없는 주제다. 서열화는 아들에겐 추락의 상처를, 딸에겐 가해자의 연민을 느끼게 만들었다. 딸의 화려한 질주 뒤에 남은 그림자만큼이나 아들의 아픈 마음이 누워 있다. 성적보다 인간성이 먼저라는 말은 이미 철지난 패션처럼 아무런 힘이 없다. 요즘은 학교 급훈마저 직설적이고 자극적이다.

"티코 탈래 리무진 탈래"

"5분만 더 공부하면 남편 얼굴 색깔이 바뀐다"

"지금 흘린 침은 내일의 눈물이 된다"

너무 심하다. 교실이 무슨 전쟁터도 아닌데. 교실이 전쟁터로 변한 마당에 가정에서 평화주의자가 설 자리는 없다. 행복은 성적순이 아니라는 말을 하면 할수록 "우리 애들은 공부 못합니다" 광고하고 다니는 꼴이다. 현재는 언제나 불확실한 미래의 노예가 되는 법이다. 나의 신념이 상황에 따라 춤출 때마다 돌아가신 아버님이 떠올랐다. 현실의 벽 앞에 당당하게 맞서지 못하고 곁눈질만 할 때마다 아버님이 나를 바라보며 이렇게 말씀하셨다.

"이놈아, 내 손자 그만 잡아라. 너무 냉정하게 살지 마라."

아들에게 맞는 학교를 찾아라

중학교 3학년이 되면서 아들의 학원 수강시간은 배로 늘어났다. 학교는 옵션이고 학원이 필수처럼 느껴졌다. 녀석의 말처럼 목숨 걸고 노력하는 학원선생을 학교선생이 따라갈 수 없는 게 당연해보였다. 잘하는 것과 못하는 것, 좋아하는 것과 싫어하는 것이 분명하게 드러났지만 녀석의 개성을 살려줄 시간은 남아 있지 않았다. 학교생활에도 별 취미를 붙이지 못하고, 친구도 잘 사귀지 못했다. 자존심이 무지 센 녀석이 성적이라는 숫자의 덫에 걸려 상처받고 있었다. 놀듯이 공부하려면 대안학교나 외국으로 나가야 한다. 자기에게 재미있는 분야를 선택하여 공부하는 것은 아직까진 사치다.

녀석이 그나마 중위권 30% 내외에서 맴돈 것만으로도 다행이다. 수학, 사회, 국어는 상위권을 유지해주었다. 영어만은 좀 해주기를 바랐지만 단어 외우기를 죽기보다 싫어하는 녀석에게 어쩔 도리가 없었다. 이해하지 않고 단순히 암기하는 것을 왜 그렇게 싫어하는지. 책읽기를 좋아하는 녀석이 유일하게 읽지 않는 책이 영어책이다. 아들의 독서는 갈수록 편식을 거듭한다. 죽어라고 역사와 관계된 책만을 병적으로 찾아서 읽는다. 상처 난 마음을 그렇게라도 위로받고 싶어 하는 것을 모르는 바는 아니지만 한편으로는 섭섭했다.

대한민국 학부모의 공통적인 위선 중 하나는 내 자식만은 예외일 것이라는 믿음의 덫이다. 그렇게 교육의 정의를 부르짖던 친구들도 결국은 미국으로 캐나다로 자녀를 보내고 마는 것을 수없이 보았다. 내 주변만 하더라도 열에 반은 자녀를 외국에 보냈거나, 형편에 따라 하나만 보냈거나, 단기 어학연수라도 시켰다. 나에게 선택의 시간이 점점 다가오고 있었다. 대한민국에서 중3은 컨베이어 벨트 위의 상품처럼 불량품을 가려내는 순간이다. 아무리 긍정적으로 생각해도 수도권 대학에 들어가는 것조차 힘들다는 판단이 들면 자존심은 탈출구를 찾게 마련이다.

유학까지 다녀온 나의 알량한 자존심은 이제 아들의 적성과 능력을 분석하기에 이르렀다. 적성검사를 잘한다는 단체와 학원을 들락거렸다. 객관적인 지표로 아들의 학업성취능력을 판단하겠다는 미명하에 돌아다녔지만 욕심은 단 하나, 명문대에 들어갈 수 있느냐 없느냐다. 본심을 숨기며 빙빙 돌려 말을 하지만 상담자들은 내 마음을 족집게처럼 꿰뚫고 있었다. 얼마나 많은 부모들이 우리 부부처럼 돌아다니고 있는지 알 것 같았다.

중3 여름방학이 시작되자 우리 부부는 본격적으로 아들의 진로를 고민하기 시작했다. 아내의 불평에 말 한마디 못하고 끌려다녔던 이유는, 제도권 교육의 문제를 지적하며 무심하게 한발 비켜 있었던 내 오만이 미안했기 때문이다. 스스로 무엇이 되고 싶은지, 어떤 직업을 선택할지 찾아가는 것이 옳다고 믿었던 순진한 나의 무사태평에 쥐구멍을 찾고 싶었다. 아들을 부추긴 책임을 어떤 형태로라도 져야 할 판이다. 괜히 스페인 유학 얘기라도 꺼내서 자존심을 찾으려 했다간 아내에게 뼈도 못 추리게 생겼다.

초등학교부터 아들을 사교육으로 내몰지 않았던 이유는 책만 읽어도 스스로 공부가 될 것이라는 얄팍한 나의 판단이 한 몫 하였다. 잘못을 인정하는 것으로 책임을 피할 수는 없다. 무슨 일이 있어도 책임을 지고 수습을 해야 했다. 순진하게 먹물 든 남자들이여, 어떤 일이 있어도 자식 교육문제만큼은 큰소리치지 말렸다.

그 동안의 문제가 중3 문턱에서 곪아 터졌다. 후회해도 소용없는 일이다. 정말 갑갑했다. 답이 없는 것이 아니라 주어진 답을 인정하기 싫었기 때문이다. 아무리 생각해도 일반 고등학교에 진학하는 것은 아들에게 무리라는 판단이 들었다. 학력이 천차만별인 학생들이 한 교실에서 수업하는 환경 자체가 아들에게는 적합하지 않다. 실제로 녀석이 다니는 중학교의 수업태도와 환경은 생각했던 것보다 훨씬 나빴다. 노는 시간은 차라리 난장판이라고 해야 맞을 것이다.

대통령도 마음대로 하지 못하는 교육정책을 비난해봐야 내 입만 아프다. 내 발등의 불부터 꺼야 하는 심정은 어느 부모든 마찬가지일 것이다. 목마른 놈이 샘을 판다는 옛말이 딱 들어맞았다. 상위 10%만 끌고 갈 수밖에 없는 한국의 입시교육 현장을 직접 보고 나서 유학을 생각해봤다. 미국, 캐나다, 호주, 싱가포르, 뉴질랜드, 태국, 인도, 말레이시아, 아일랜드까지 인터넷을 뒤지고 또 뒤졌다. 그러나 아들의 형편없는 영어실력이 또 발목을 잡았다. 고민이 자꾸 커져 갔다. 기러기 아빠가 남의 이야기가 아니었다. 어느 날 아침 일어나보니 갑자기 나의 이야기가 되어 있었다.

전 세계의 교육제도를 비교 분석하고 나서야 겨우 국내로 다시 시선을 돌릴 수 있었다. 그 많은 과목의 내신은 고사하고라도 학원 두 개 다니는 것도 힘들어하는 녀석에게 다람쥐 쳇바퀴 돌듯 학원으로 내몰 수는 없었다. 적어도 아들의 콘텐츠는 아버지인 내가 제일 잘 안다. 그렇다고 특목고는 30%의 성적으로 어불성설이다. 결국 남은 선택은 전문계고였다. 우리 부부는 걱정스럽게 제안하였지만 아들은 받아들였다. 아들은 이미 자신을 잘 알고 있었다. 명분보다는 실리가 중요하다는 것을.

아버지의
초현실감각

IMF구제금융으로 일상이 무너졌을 때에야 비로소 직업은 위대한 인생의 도구라는 사실을 알았다. 어려운 시간을 뚫고 걸어가는 그 순간은 힘들었지만, 내 인생의 허상을 벗어던질 기회이기도 했다. 결단을 내리기로 하였다. 인생의 두꺼비집을 내리고 다시 새로운 출구를 찾고 싶었다. 아이들과 못다 한 대화도 나누고 함께 뒹굴며 가족이라는 온실에서 지친 내 마음을 치유하고 싶었다. 아들놈이 세상으로 나왔을 때 그 울음소리는 희망과 환희였다. 지친 영혼을 위한 선물인지 시험인지는 아직도 모르겠지만 분명한 것은 그날부터 나는 아버지가 되었다는 것이다.

삶은 다음 정거장에 대해 자세히 설명해주지 않는다. 아니 어쩌면 달리는 성취감에 젖어 다음 정거장의 설명을 제대로 듣지 않았는지 모른다. 쉰다섯 살, 살아온 시간만으로 내가 어떤 사람인지 알 수 있는 나이. 그렇다고 앞으로 남은 길이 훤히 내려다보이는 언덕 위에 올라선 것도 아니다. 성공의 도로를 질주하며 남들을 추월하는 행운을 거머쥐지도 못했다. 남들이 가지 않는 오솔길을 가고 싶은 마음도 있었지만 결국은 비열하게 주변을 살폈다. 진한 성공의 냄새가 그리웠을까.

나는 요즘 아들이 살아갈 인생은 늘 같은 방향으로만 끝없이 굴러가는 삶이 아니기를 기도한다. 그래서 하늘이 열리고, 벽이 갈라지고, 생각이 춤추는 열린 학교에서 공부하게 하고 싶은 생각이 간절했다. 형식보다는 내용이, 결과보다는 과정이, 비정한 목표보다는 즐거운 생활이 아들에게 주어졌으면 좋겠다.

우리에게 교육열보다 더 뜨거운 이야기는 없다. 낚시꾼의 놓친 고기보다, 골퍼들의 비거리보다 더 재미있는 이야깃거리는 자녀의 대입수능기다. 나의 이야기가 남의 이야기가 되고, 남의 이야기가 곧 나의 이야기가 되는 게임으로 대입시험만한 것이 없다. 이보다 더 폭발적인 관심을 불러 모을 게임은 이 세상에 없다. 결혼생활의 모든 것을 자식에게 걸 수 있는 사람은 대한민국 부모밖에 없다. 자신의 전 재산을 몽땅 거는 도박은 입시전쟁밖에 없다. 자녀의 행복을 위해 기꺼이 기러기 아빠가 될 수 있는 나라는 대한민국밖에 없다. 어느 날 이 이야기의 한가운데 내가 주인공으로 서 있다는 사실을 깨닫는 순간, 모든 것은 현실이 되었다.

아버지가 아들을 정확하게 보는 것은 낙타가 바늘구멍을 통과하는 것만큼 힘들지 모른다. 아버지의 초현실적인 감각을 조정해 줄 수 있는 사람은 아들밖에 없다. 나는 돌아가신 아버님이 끝까지 포기하지 않았던 마법 같은 삶을 아들에게 선물할 자신이 없다. 그래서 돌아가신 아버님이 꿈꾸던 마법의 학교나마 아들에게 선물하고 싶었다. 허망한 욕심일지라도 오늘 나는 이 꿈을 꾸기로 했다. 녀석이 웃을지도 모르지만 장안에 용하다는 점술가, 적성만 전문으로 보는 한의사, 동양철학을 하시는 교수님부터 정신과 의사까지 많은 분들의 조언을 듣고 자료를 챙겼다. 부모의 자존심이 아니라 아들의 자존심을 세워주는 고등학교를 택하는 것이 왜 그리 힘들었는지 모르겠다.

아들의 장단점

* 스스로 이해되지 않으면 절대로 강요에 의해 끌려가지 않음
* 전통한옥의 구들장처럼 데우는 데 시간이 많이 걸림
* 좋아하는 것은 자존심을 굽히는 한이 있더라도 해냄
* 역사책은 어떻게 해서라도 꼬불쳐놓고 읽음

* 동시에 이것저것 절대로 할 수 없음
* 〈로마인 이야기〉를 열 번이라도 읽어서 기어코 공간적인 체계를 세움
* 이해되지 않는 영어를 무작정하지 따라하지 못함
* 좋아하는 음식만 먹음
* 싫어하는 과목 공부할 때는 온몸을 뒤틀어 댐
* 한 과목을 끝내면 곧바로 다른 과목으로 넘어가지 못함
* 쉼 없이 역사 이야기를 떠들어야 직성이 풀림
* 되새김질 하는 소 같은 면이 있음
* 특별한 학생으로 인정받을 때 공부를 더 잘함
* 자신의 행동이 방해받는 것을 제일 싫어함

아들을 위해 내린 처방

* 죽어도 자기가 좋아하는 일을 하고 살아야 한다
* 자존심으로 하늘에 구멍을 뚫도록 놓아둘 것
* 자신만의 방법으로 입시를 돌파하게 해준다
* 최대한 가벼운 짐을 짊어지고 끝까지 걸어가게 해주자
* 용 꼬리보다 닭대가리로 살아야 한다
* 기강을 세워주는 학교를 찾는다

그리고 마침내 녀석이 좋아하는 공부를 하면서도 즐겁게 다닐 수 있는 마법의 호그와트를 찾았다. 우리 부부는 뒤도 안 보고 녀석을 전문계고 컴퓨터학과에 보냈다. 내가 결정한 마법의 학교가 아들에게 맞을지 걱정이 되기도 했다. 여차하면 전학시킬 각오까지 했다. 하지만 아들은 잘 적응했다. 걱정과 달리 마법의 호그와트를 확신으로 받아들인 녀석이 고맙다.

나쁜 놈
불쌍한 놈
고마운 놈

아들의 존재가 아내의 허리에 달처럼 차고 오를 때마다 낭만이 사라져갔다. 녀석은 아버지를 서열 2위로 밀어냈다. 이제 모든 것은 아들 중심으로 돈다. 에로틱한 아내에서 기능적인 엄마로, 각선미를 드러내는 이브닝드레스에서 펑퍼짐한 사각잠옷으로 안방이 돌변했다. 그날 이후로 나는 매력적인 수컷에서 참담한 일벌로 살아야 했다. 녀석의 비릿한 살 내음이 아내의 성긴 살 내음을 밀어냈다. 그날부터 나는 아내의 눈치만 살피는 것이 아니라 네 녀석의 옹아리까지 살펴야 했다. 그날로 나의 신혼은 막을 내렸다. 이 나쁜 놈….

인생은 새옹지마다. 무심한 세월은 천진난만한 어린 녀석을 입시의 찬바람으로 빠르게 몰아넣었다. 아들 녀석의 방문은 언제부턴가 함부로 열 수 없게 되었다. 어떨 때는 아들놈의 방문을 유리로 바꾸든지 방에 CCTV라도 장착하고 싶었다. 문을 닫아걸고 방안에서 킥킥거리는 소리가 들리면 아내는 환장한다. 급기야 열쇠로 문을 따고 강경진압을 하는 순간, 녀석은 노조처럼 완강하게 출입문을 봉쇄하고 아내와 맞선다. 일진일퇴를 거듭하다 겨우 방안으로 들어간 아내는 분통을 터뜨린다. 딴 짓을 하고 있기 때문이다. 거실에서 순찰을 돌고 있는 아내는 철책선의 소대장 같다. 서릿발 같은 경계의 눈초리를 총알처럼 장전하고 서성거린다.

팽팽하게 당겨지는 고무줄은 언젠가는 끊어지기 마련이다. 집안에서 심하게 구박을 당한다고 생각하던 녀석은 급기야 학원을 땡땡이치고 한강으로 줄행랑을 놓았다. 저녁 늦게 학원에서 전화가 왔다. 녀석의 핸드폰은 닫아건 방문처럼 아무런 응답이 없었다. 내가 집에 도착했을 때 아내는 이미 초죽음 상태였다. 씩씩거리며 배신감을 삭이고 있었다.

이럴 땐 남자인 내가 조금 편하다. 겉으론 아내를 동정하지만 속으론 미소가 떠오른다. 더운 날씨에 콜라 뚜껑 날아가듯 나도 이미 소싯적에 그런 사보타지를 해보았기 때문이다. 녀석이 집을 나갔다는 소리를 듣고도 나는 태연하다. 아들놈이라 그럴 것이다. 보수적인 생각인지 모르지만 설익은 고추를 달고 집 나가 봤자 부처님 손바닥 안이다.

녀석은 새벽 한 시가 넘어서 고삐 풀린 망아지마냥 자기발로 굴러들었다. 제 발로 걸어 들어오기가 겸연쩍었던지 멀쩡한 머리를 벽에 처박아 상처 사이로 붉은 피가 흘러내렸고, 새로 산 휴대폰까지 뽀개 먹었다. 미안한 마음에 스스로 체벌을 가한 모양이다. 집토끼가 들판에 나간다고 쉽게 적응하는 것이 아니다. 우리 안에 갇혀 야성을 잊어버린 호랑이를 밀림에 풀어놓는다고 살 수 없듯이 녀석은 짧은 탈출의 죄 값을 치르고 돌아왔다. 불쌍한 놈….

인생은 새옹지마다. 아들의 고1 생활은 중3과는 비교할 수 없을 정도로 많은 것이 변했다. 한마디로 노는 물이 달라졌다. 아침에 일어났더니 영웅이 되었다는 말은 녀석을 두고 하는 말이다. 얼굴에 자신감으로 충만한 여유가 넘쳐흘렀다. 그렇게도 학교 가기를 싫어하던 중학교 시절의 아들은 이제 사라졌다. 아픔을 치유하는 최고의 방법은 자신에게 맞는 삶의 방식을 찾아가는 것이다. 행복이라는 말의 의미가 무엇인지 아들을 보면서 알 수 있었다. 자신의 존재를 인정받는 남자의 기분은 고딩이나 50대 아저씨나 마찬가지다. 고분고분하던 어제의 아들이 당당하게 말대꾸하는 아들로 바뀐 점은 조금 부담스럽지만 집안에 남자가 하나 더 있다는 든든함이 나를 뿌듯하게 만들었다.

녀석은 어영부영 신학기를 다니며 치른 중간고사 성적표가 믿기지 않는 모양이다. 자신을 둘러싼 환경의 변화에 오히려 본인이 어리둥절하다. 그래도 터져 나오는 기쁨을 숨기지는 못한다. 옆에서 바라보는 아들의 모습은 환상적으로 아름다웠다. 세상에서 제일 아름다운 것은 행복해하는 자식의 모습이다. 나 역시 이 순간을 얼마나 기다려왔던가.

"축하해! 역시 우리 아들이 최고야!"

여기까지는 100점이었는데 마지막 한마디를 참지 못했다.

"인문고 학생들 생각하면서 긴장을 늦추지 마라."

옆에서 듣고 있던 딸이 그동안 오빠의 기고만장한 꼴이 보기 딱하였던지 송곳 같은 스파이크를 날렸다.

"후진 고등학교에서 1등한 것 가지고 되게 생색이네."

쏟아진 컵의 남은 물처럼 난감하였다. 이미 엎질러진 난장판을 보고 있던 아내가 매서운 눈으로 나를 노려보았다. 불안한 미래가 현재의 행복을 갉아먹고 있었다. 아들 녀석의 비상하는 모습은 즐겁기도 하지만 한편 걱정도 되었다. 조금 더 기다려보자는 신중론이 자꾸 고개를 들었다. 용 꼬리보단 닭대가리가 좋다고 결정한 일로 안절부절 못하는 이 상황을 어떻게 설명해야 할까. 세계 10위권의 경제대국으로 성장했지만 여전히 열등감을 떨치지 못하는 이 나라처럼 말이다. 입시의 그늘이 너무 크다. 대한민국은 영원히 1등만이, SKY대학만이 대접을 받기 때문이다. 입시생을 둔 부모의 마음이 다 이럴까. 이건 아닌데 싶은 순간 쾅! 문소리가 아들의 그림자를 삼켜버렸다. 아들과 아버지 사이의 짧은 소통의 문은 굳게 닫혔다. 그것으로 그날의 축제는 끝났다.

고개 숙인 남자의 소통은 여기까지다. 가정에서 아버지의 자리를 스스로 던져버리는 철부지 행동의 전형이다. 자살골을 먹은 기분이 이럴까. 폐허로 변한 황망한 거실에 서서 생각한다. 순간의 참상은 후회스럽지만 작은 희망은 있다. 인생은 새옹지마니까. 고마운 놈….

딸에게 약한 이유, 아들에게 강한 이유

아내가 퇴근길의 나를 붙잡고 하소연을 길게 늘어놓았다. 내용인즉 딸이 지난 1년 동안 아내를 속였다는 것이다. 아내는 말은 하지 않지만 자유로운 영혼인 아들에 대한 보상심리로 딸에게 잔뜩 기대를 걸고 있었다. 유치원 때부터 열심히 공부한 영어가 딸아이의 재능으로 굳어졌다. 각종 경시대회와 학업 성적에서 딸아이는 아내의 기대치에 따라주었다. 중학교 1학년, 특별히 용한 영어학원을 소개받아 큰 기대를 품고 딸아이를 학원에 보냈다. 1년 동안 열심히 공부해서 정상의 권좌를 굳히려는 아내의 계산이었다.

딸은 딸대로 일찍 시작한 영어공부에 자신감을 가졌던 모양이다. 그래서 별로 노력하지 않아도 성적은 항상 좋게 나왔다. 자만에 빠진 딸아이는 안식년을 가졌다. 공부를 하지 않아도 중1 시험지는 땅 짚고 헤엄치는 꼴이었다. 그동안 가방만 학원을 오가며 영혼은 긴 겨울잠에 빠졌다. 하지만 2학년에 올라가자마자 치른 모의고사에서 뽀록이 나고 말았다. 놀란 아내는 학원을 찾아갔다. 그동안 학원 선생님은 몇 번에 걸쳐 암시를 주었건만 자존심 강한 아내는 무시했던 모양이다. 아무렴, 내 딸이 설마…. 딸의 포커페이스에 말려든 아내의 자존심이 산산조각 나버렸다.

우리 집 자녀교육은 철저히 아내의 영역이다. 상벌에 관한 포상규정은 어쩔 수 없이 남자인 내가 맡았다. 단 아내의 기소와 상신이 있을 경우에 한하여 실시한다. 아내의 눈물만으로도 이번 기소청구 내용은 중벌을 요구하고 있었다. 적당히 타협을 하려 했지만 아내가 한발도 물러서지 않았다. 이쯤 되면 어쩔 수 없다. 검도 방망이를 들고 딸아이의 기소내용을 심리할 수밖에.

딸아이의 성격은 거의 사내 수준이다. 자신의 잘못을 두고 끝까지 고집을 부릴 것과 포기할 것을 구별할 줄 안다. 일단 시인한 형벌에 대해서는 죽는 한이 있더라도 울며불며 봐달라고 매달리지 않는다. 그렇다고 곤장의 대수를 줄이려고 꼼수를 부리거나 비겁하게 빌지도 않는다. 딸아이가 좋은 점이기도 하지만 때로는 섭섭하기도 하다. 좀 매달리기도 해야 인간미가 흐르니까. 때리는 시어머니도 있고 말리는 시누도 있어야 이야기가 되는 법이다.

나의 취조 원칙은 죄목을 나열하고 죄를 심문할 때 항상 눈을 마주보는 것이다. 이 원칙은 아이들이 아주 어렸을 때부터 지켜오고 있다. 화난 아버지의 눈을 바라보는 아들과 딸은 적당히 포기하는 빛이 역력하다. 분기탱천한 나의 눈은 히드라의 심장을 향하여 달려드는 헤라클레스보다 몇 배는 더 독종처럼 보였을 것이다.

"그냥 놀고 싶었습니다. 속일 생각은 아니었는데… 하다 보니…."

짧고 굵은 답변이었다. 더 보탤 것도 뺄 것도 없는 답변에 내 쪽에서 힘이 빠졌다. 퍽! 퍽! 손에 전해지는 딸아이의 비명이 가슴에 대못처럼 박힌다. 이래저래 가슴이 너무 아프다. 앞으로의 대책과 각오를 받아내는 것으로 심문이 끝났다. 나는 그날, 사형 집행관의 마음처럼 술을 마시고 곯아떨어졌다.

아내의 친구는 남편을 헌신짝 버리듯 홀로 남겨두고 두 딸을 데리고 호주로 1년간 연수를 다녀왔다. SKY대학을 나와 대기업에 취업한 중산층 가정에서 머리를 싸매고 다녀온 연수였건만 강남학원가에 갔다가 망신만 당했다고 한다. 아내는 아내대로 토종(외국 연수를 다녀오지 않고 한국에서 학원 다니며 공부한 학생을 지칭함)

인 딸이 염려스러워 기를 쓰고 자존심을 지키려고 노력했다. 집안이 미국인지 한국인지 모를 정도로 영어책으로 넘쳐났다. 새벽에는 언제나 지겨운 영어방송이 새마을 구호처럼 흘러나왔다. 오죽하면 아들 녀석은 영어방송만 흘러나오면 입에 거품을 물고 질색이다. 믿었던 도끼에 발등 찍히는 신세가 바로 이런 것을 두고 하는 말이다.

어린 시절부터 워낙 영어를 듣고 자라서 그런지 단어와 문법은 몰라도 대충 해석을 할 수 있었던 딸아이는 영어공부가 힘든 노동이라는 사실을 잊어버렸다. 그냥 저절로 되는 줄 알았다가 고급영어로 들어가면 갈수록 더 많은 어휘와 구문과 문법을 벽돌처럼 한 장 한 장 성실하게 쌓아가야 하는 노동에 싫증이 나버렸다. 사막같이 건조한 학원수업에 질린 것 같았다. 그동안 쌓아놓은 적금을 몰래 까먹으면서 즐기는 시간은 1년으로 끝나버렸다. 겨우 1년이 지나기도 전에 통장에 저축되었던 영어가 바닥을 드러냈다. 시무룩한 아내의 손에 술잔을 건네며 희망을 불어넣었다.

"여보, 탈선 한 번 안 하면 그게 어디 인간이야, 기계지. 그래도 얼마나 다행이야. 중1에 자기 마음대로 탈선해봤으니. 저놈은 자기가 한다면 하는 놈이니까 지금부터 열심히 지켜봅시다. 잘 할 거야. 그만 마음 푸소."

대한민국 모든 아버지는 아무래도 딸에게 약한 법이다. 딸아이는 초등학교 4학년이 되도록 화장실문을 벌컥 열고 들어왔다. 아버지가 아랫도리를 내놓고 목욕하고 있는 상황을 아무렇지 않게 생각했다. 맨몸으로 내 앞을 망아지처럼 뛰어다니던 딸아이가 초등학교 5학년을 넘기더니 내외를 시작하였다. 생리를 한다고 난리를 쳐도 무슨 말인지 나는 몰랐다. 남자에게 추억은 평생의 안주거리다. 딸과 아버지의 추억은 초등학교 4학년으로 끝나버렸다.

아직도 우리 집 식탁 위에는 목과 몸과 다리가 하나인 포동포동한 딸아이 사진이 놓여 있다. 딸의 목욕은 언제나 나의 차지였다. 멀쩡하게 아들딸을 목욕시키던 아내가 나를 발견하면 손짓을 한다. 딸아이를 나에게 맡기기 위해서다. 시킨다고 억지로 한 것은 아니었다. 딸아이를 목욕 시키는 그 순간이 너무 좋았다. 사람이 사람에게 전해줄 수 있는 가장 원시적이고 순수한 마음이 존재했다.

그래서 딸아이가 나를 무시할 때마다 꺼내드는 카드가 추억의 목욕신이다. 딸아이는 내가 자기를 목욕시키던 추억을 들먹일 때마다 기겁을 한다. 이미 내 손을 떠난 기여… 이제 내 인생의 재미는 끝이구먼… 탄식이 절로 난다. 그래도 다른 장면을 끝까지 기대하며 열심히 살아가고 있다. 손녀를 무릎에 앉혀놓고 목욕시켜줄 날을 그려보는 것으로 딸아이에 대한 미련을 접었다.

딸아이와 철없는 아버지가 가장 죽이 맞는 시간은 옷 사러 가는 날이다. 그날만은 딸아이는 세련된 패션디자이너가 된 듯 아버지 몸에 옷을 걸치고 온갖 심오한 표정을 다 지으며 비평을 한다. "아빠는 역시 숏다리라서 이런 무늬는 어울리지 않아"라고 아버지 신체의 비밀을 몽땅 끄집어낸다. 그래도 싫지 않은 것이 상당히 그 일에 집중을 하며 아내와 나를 리드하기 때문이다. 아내도 딸아이의 세련된 감각을 인정하고 따르는 편이다. 한 가지 신기한 것은 아내가 툭툭 던지는 모난 말은 싫증이 나기도 하지만 딸아이의 발칙한 행동은 싫지가 않다는 것이다.

딸아이의 감각으로 적당한 옷을 발견하면 당황하는 쪽은 내 쪽이다. 아내와 함께 쇼핑 왔더라면 그냥 돌아섰을 정도의 유행하는 옷이지만 딸아이의 설득에는 적당히 넘어가고 싶어진다. 왠지 좋을 것 같다는 막연한 믿음이 생긴다. 그도 그럴 것이 딸아이는 상당히 전문적인 식견이나 있는 듯 거침없이 평을 해가며 나름대로 타당성을 강조하기 때문이다. 철없는 아버지는 그래서 딸에게 약한가 보다. 적어도 옷가게에서는 딸아이가 엄마처럼 늠름하다. 그리고 적당히 좋을 것 같다는 정도의 조언이 아니라 아주 확신 있게 몰아붙인다. 철없는 아버지는 그런 확신을 좋아한다.

아들은 역시 오이디푸스 콤플렉스가 있는 것 같다. 어쩌다 엄마 아빠의 다정한 포즈를 보는 두 녀석의 반응은 완전 딴판이다.

딸은 "알았어요. 잘 노세요"로 끝이다. 그에 반해 아들은 놀란 토끼눈으로 "아니 시방 뭐 하는 거여" 한다. 마치 불한당과 자기 엄마가 함께 있는 모습을 발견한 표정이다.

딸아이와 다르게 아들 녀석을 심문할 때 그 죄목은 거의 괘씸죄다. 특별히 아내의 기소 없이도 수시로 잡아들인다. 딸이 튼튼하고 기능적이고 위엄 있는 백악관을 짓는 건축가라면, 아들은 자신만의 상상력이 춤추는 빌바오 구겐하임 같은 미술관을 짓는 자유로운 영혼의 건축가다. 딸은 항상 주위를 돌아보며 제일 높은 자리에 남을 내려다보는 집을 짓는다면, 아들은 관심 밖이다. 기분 내키면 동굴 속에다 지을 놈이다. 아스팔트든 호수든 가리지 않고 자기가 좋아하는 집을 짓는 녀석이다. 딸이 직선이라면 아들은 점선, 곡선의 혼재다.

이런 아들을 키우기에는 이 나라의 토양이 너무 척박하다는 생각으로 수없이 한숨지었다. 외국으로 나갈까 시골에서 살까 뭐 이런 생각으로 수없이 성을 짓고 허물었다. 아들의 괘씸죄는 이 땅의 교육풍토에 맞지 않는 자유로움 때문이다. 경계선을 넘을까 봐 두려움과 조심스러움을 담아 전하는 아버지의 경고다.

나는 아들의 성격을 좋아한다. 그냥 하는 소리가 아니다. 녀석이 들으면 또 무슨 수작을 부리려고 그러나 하겠지만 사실이다. 아들 녀석의 성격은 참 섬세하다. 넥타이를 목까지 치켜 올리고 책상을 진지처럼 고수하며 직장생활을 할 놈은 죽어도 아니다. 새벽 댓바람에 출근부 도장 찍을 싹수는 애시당초 보이지 않는 놈이다. 굶어 죽어도 자신의 굴을 파고 들어갈 놈이다. 이런 놈이 왜 싫겠는가. 그것도 내 피가 섞인 놈을….

아들은 수시로 변하는 카멜레온이다. 그렇다고 자기만 살겠다고 세파를 요리조리 피하는 처세술의 달인도 아니다. 차라리 정반대다. 세상이 아무리 변해도 자기 기분에 따라 살아갈 놈이다. 할아버지의 낭만주의 기질이, 아버지의 예술가 재능이 이렇게 완벽하게 조화를 이룰 수 있단 말인가. (이 대목에서 아내의 생각은 다르다. 아버지의 단점을 하나도 빠뜨리지 않고 죄다 박았다고 생각한다.) 신의 조화가 아니고서는 불가능하다. 자식을 낳아본 사람만이 가지는 특별한 감정이다.

나를 닮은 놈을 바라보고 있는 복잡한 마음은 겪어보지 않고는 모른다. 가끔씩 돌아가신 아버님을 보고 있는 것 같아 당혹스럽다. 아버님의 자유스러움을 만나는 것 같다. 괘씸죄를 추궁할 때마다 아버님의 얼굴이 어른거린다. "야! 이놈아 대충해라. 사람 팔자가 억지로 다그친다고 바뀌는 게 아니다" 하시며 손자를 끌어안으실 것 같다. 가슴에 눈물이 고인다. 아들, 미안하다.

부모님의 구박 한 번 받지 않고 자란 내가 아들을 쥐 잡듯 하는 이 상황을 어떻게 설명해야 하나. 아무리 생각해도 부모님 탓은 아닌 것 같다. 이유는 간단하다. 후천적인 나의 환경 탓이다. 50년 넘게 살아온 남자의 삶을 화장으로 가릴 수 없다. 수없이 먹이를 쫓으며 남의 마음을 아프게 했으며 결국 나도 상처받았다. 먹이사슬의 네트워크를 전전하며 경험한 것들이 고스란히 아들의 입시로 모아지고 있다.

고3 아버지가 할 일은 아무것도 없다

피카소는 열 살이 채 되기도 전에 이미 기성작가들의 화풍을 추월할 만큼 조숙한 천재화가였다. 오죽했으면 아버지가 미술교사를 그만두고 아들 뒷바라지에 매진했을까. 그런 피카소도 청년으로 성장한 후에는 더 이상 천재화가가 아니었다. 피카소는 어린 시절부터 어른처럼 그림을 그렸기 때문에 그 틀 속에 갇혀 있었다. 마드리드 미술학교에 들어갔으나 학교에서 배울 것이 아무것도 없었다. 매일 학교에 가는 대신 살아 있는 미술학교인 프라도미술관에서 도저히 넘을 수 없는 천재화가 디에고 벨라스케스를 흠모하며 보냈다.

처음에는 벨라스케스를 수없이 모방하며 천재화가의 장점을 발견해갔다. 마치 벤츠를 해체하여 자동차의 장점을 발견하듯 파괴를 통해 새로운 재구성을 이루어갔다. 다양한 그림의 장점들만 모아 자신의 그림 속에 집어넣는 작업부터 충실하게 진행했다.

스물여섯 살, 마침내 피카소는 행방불명이 되었다. 'Unlearn'(배운 것을 모두 잊는다)이란 신조어를 만들어냈다. 지금까지 배운 것을 모두 잊어버리고 누구도 가지 않았던 미개척 분야를 걸어갔다. 원근법, 빛과 그림자, 사실적인 색채에 이르기까지 기존 화단의 규율처럼 여겨지던 모든 화법을 지워버리는 실습을 무모하게 감행했다. 여기서 피카소의 천재성은 다시 빛을 발하기 시작했다. 누군가를 모방하는 화가에서 혁신적인 화가로 다시 태어났다. 그림은 잘 팔렸다.

대한민국에서는 유치원 시절부터 천재화가의 수업을 진행한다. 어른처럼 화려한 그림에 길들여지게 가르친다. 꽃이 피면 시들듯이 어른이 되면 죽는 길밖에 남지 않는다. 아들은 매일 희미한 조명 아래서 파리한 얼굴로 사육되는 젖소 같다. 마음이 아프지만 현실적으로 급한 것은 많은 젖을 짜는 것이다. 고3 아들을 바라보는 나의 마음도 그렇다. 하루라도 빨리 어른처럼 사고하고 공부하는 애늙은이가 되도록 부추긴다.

피카소의 최대 장점은 나이가 들수록 어린이처럼 행동하고 생각했다는 것이다. 어린이와 친구처럼 지내며 어른이 아닌 어린 아이의 마음으로 본 것을 그렸다. 재미있는 점은 피카소의 그림을 어린 아이들에게 보여주고 몇 살짜리가 그린 것 같으냐고 물어보면 한결같이 다섯 살짜리가 그린 것으로 믿는다는 점이다. 일곱 살에 어른처럼 치밀하고 정확하게 그림을 그렸던 신동은 나이가 들수록 다시 아이가 되려고 매일 새롭게 태어났다. 평생 어린 아이처럼 생활하고 생각하고 그림을 그렸다. 아이는 다른 사람의 눈치를 보지 않는다. 어떤 원칙과 틀을 처음부터 정해놓고 그리지 않는다.

21세기 애늙은이 고3 아들의 수험공부 속으로 들어가 보았다. 중학교 때까지는 그래도 적당히 공부하는 학생들로 넘쳐난다. 그러다 중학교를 졸업하는 순간 폭풍처럼 구조조정에 시달린다. 태어나서 처음으로 강력한 줄서기가 진행된다. 우수학생들은 특목고로, 어중간한 학생들은 전문계고로 빠져나가고 나머지 학생들이 자신의 의지와 무관하게 인문계 고등학교에 모인다. 특목고에서 탈락한 얼치기 우수학생과 전문계고도 갈 수 없는 성적의 학생들이 엇박자로 모여든 곳이 인문계 고등학교의 실상이다.

우리나라 입시생들에게 몇 번의 짜릿한 휴식이 주어지는 시간이 있다. 초등학교에서 중학교 들어가기 전의 1차 휴식기와 중학교에서 고등학교 들어가기 전의 2차 휴식기. 휴식기를 완전히 즐거운 마음으로 날려버린 학생들은 3년 내내 시차적응으로 고난의 세월을 보내야 한다. 그만큼 빠르게 모든 과정이 진행되기 때문이다.

2차 휴식기를 날려버리고 고등학생이 되는 순간 고3 입시의 시차적응은 거의 불가능하다고 믿는 편이 좋다. 일부 특별한 학생을 제외하고는 어림없는 일이다. 중학교의 수업과는 차원이 다른 후폭풍이 끊임없이 몰아치기 때문이다. 추격을 포기한 맹수가 할 수 있는 유일한 오락은 잠자는 일밖에 없다. 고1 수업시간은 낮잠 자는 대다수의 학생과 겨우 두세 명의 공부하는 학생으로 구분된다. 더 이상 마른 걸레조차 짜는 일은 사라져버렸다. 직장에서 쫓겨난 40~50대 남자에게 마른 걸레라도 짤 수 있는 새로운 직장이 놓여 있지 않는 것과 마찬가지다. 대기업을 그만둔 부장은 중소규모 회사에서 마지막 단맛이라도 맛볼 수 있는 시간이 주어질 뿐이다.

딸아이가 고1이 되고 나서 하소연이 이만저만이 아니다. 학교생활이 재미가 없다는 말이다. 순수한 호기심과 생의 의지가 사라진 사막 같은지 모른다. 몇몇 공부하는 학생과 의지를 상실한 대다수 학생들을 수용하고 있는 학교는 이미 존재가치가 의심스럽다. 기업의 논리로 본다면 벌써 파산신고를 내야 하고, 군대로 치면 오합지졸에 불과하다. 인문계 고등학교는 이미 졸업장 장사를 하는 단순한 기관으로 전락하고 말았다. 학교에서 학생들을 공부시킬 명분과 가치와 의지까지 몽땅 학원으로 넘겨주었다. 학원 강의실에서 일대일 수업을 하는 것이 현실이다.

아들 녀석은 새벽 두세 시에 잠들어 아침 일곱 시에 집을 나선다. 숨 쉬는 공간을 제외하고는 다른 여지가 없다. 누군가 이미 걸어간 길을 한 줄로 세우는 게임을 하고 있다. 정말 공부가 취미인 몇 사람을 제외하고는 끝도 없는 평행선을 시간이 멈추는 그 순간까지 걸어가는 게임이다. 새벽 두세 시까지 무거운 눈꺼풀을 겨우 치켜뜨고 열심히 책과 화면을 번갈아가며 문제풀이를 한다.

무엇을 위해 왜 그렇게 달려야 하는지 생각하는 것은 사치에 불과하다. 그냥 누군가 내 앞을 달려가기 때문에 쉬지 않고 그냥 달릴 뿐이다. 선을 그어놓고 여기서 낙오하면 평생 낙오자로 살아야 한다는 똥물을 뒤집어씌울 태세다. 마음이 짠하다. 어른보다 더 냉혹하게 감정을 잠재우며 이성적으로 살아가고 있다. 우리 집에 애늙은이 하나를 키우는 꼴이다. 고3 수험의 관문을 통과한 수많은 젊은이들은 이미 정신적으로 폭삭 늙어버린 것인지 모른다.

스페인에서 만난 유명 건축가들은 아이처럼 순수하고 천진난만했다. 만약 아이처럼 순수하지 않는 사람이 걸작을 만든다면 그것은 속임수에 불과하다. 걸작은 신의 은총이 서린 세상에 하나밖에 없는 새로운 작품이어야 한다. 세상에 하나밖에 없는 작품은 눈으로, 손으로, 이론으로 만드는 것이 아니라 가슴으로 만들어내는 것이다.

나이를 먹으면서 세상에서 가장 위대한 작업은 나이를 거꾸로 먹는 훈련이란 생각이 들었다. 시간과 세월의 갑옷을 벗어던지려면 용기와 모험정신이 있어야 한다. 고3 아들에게 내가 할 수 있는 일은 거의 없다. 대한민국 남자, 특히 아버지로서 어떤 직업이나 학벌로도 감당할 수 없는 영역이 바로 고3 수험생임을 잘 안다. 침범이 불가능한 아들의 수험영역은 마치 비밀의 화원 같다. 고3 아버지가 할 일은 아무것도 없다. 그저 옆집 불구경하듯이 조용히 아내 곁에서 조신하게 쳐다보는 것으로 그만이다. 단 한 가지 할 일은 아버지만이라도 순수한 영혼이 되어 아들의 눈을 조용히 쳐다보며 마음으로 응원하는 것뿐이다.

아들이 아버지를 존경하게 하려면

언제부터인가 아들놈은 여자처럼 예민하게 굴고, 딸은 남자처럼 대범해지는 사태를 보면서 혀를 찬 일이 있다. 이제는 그것도 그만두었다. 어제 오늘 일이 아니기 때문에 이제는 당연한 것인 양 받아넘기는 경지에 이르렀다. 딸아이에겐 제발 신체발부를 좀 깨끗하게 유지하라고 닦달을 하고, 아들놈에겐 샌님처럼 몸단장에 신경 그만 쓰고 그 시간에 운동을 하든지 공부를 하라고 몰아붙이는 것이 21세기 가족 풍경이다.

아들놈은 매일 목욕을 하고서 곧바로 얼굴 단장에 들어간다. 화장솜과 면봉이 기본이다. 여드름이 나기 시작하면서 얼굴 관리가 습관이 되었다. 아내처럼 능숙하게 세수를 마치고 팩까지 문지르며 열심이다. 준비한 약을 바르고 얼굴을 신주단지 모시듯 하며 닦고 조이고 칠한다. 몸 관리에 돌입하자 아버지에 대한 불만도 터져 나오기 시작한다. 자신의 DNA를 탓하며 그런 몸을 물려준 나를 원흉쯤으로 보는 눈치다.

처음에는 뭐 이런 놈이 다 있나 싶어 잔소리를 한 적이 있다. 그러면 아내는 "요즘 애들 다 그래!" 하면서 나의 입을 순식간에 틀어막는다. 얼굴 성형시켜줄 것 아니면 그냥 가만히 있으라는 아내의 경고다.

그에 반해 딸아이는 얼굴에 여드름을 깔고 살면서도 별 관심이 없다. 가끔 속절없이 나오는 청춘의 열매를 겁도 없이 짜버리는 탓에 아내가 오히려 걱정을 한다. 나중에 흉터로 남을까 봐. 딸아이는 쉰내가 나는 머리를 나의 얼굴에 비비며 "아빠! 나 멋있지? 멋있지?"를 연발하는 털털한 성격의 소유자라 조금 걱정이다. 얼굴에 대충 풍덩풍덩 물을 튀기는 버릇은 영락없이 나를 빼다 박았다. 로션을 얼굴에 바르고서 손바닥으로 탁탁 치며 씩 웃는 모습은 나의 복사판을 보는 것 같다. 그런 딸이 한 가지 사족을 못 쓰는 것이 있다. 옷을 비롯한 각종 신발과 모자, 액세서리에는 유난히 목을 맨다. 몸 관리에는 신경을 별로 쓰지 않는 반면 몸을 덮고 있는 물건에는 지나칠 정도로 관심을 보인다. 옷 사러

가자는 말이 딸아이의 유행어인 것처럼 들린다.

아들놈은 딸아이에 비해 몸에는 온갖 신경을 다 쓰지만 정작 입고 걸치는 옷가지와 신발, 기타 장신구에는 둔할 정도로 관심이 없다. 대조가 이렇게 극명하게 일어나기도 힘들다. 딸아이와 아들놈은 취향과 습관이 서로 다르다. 아내는 나보고 가끔 이런 말을 한다. 나중에 서로 사귀는 연인을 보라고. 틀림없이 딸은 아들 같은 친구를 데려오고 아들은 딸 같은 친구를 데려올 거라고. 그래야 세상이 공평하고 다양한 것인지 모르겠다.

아들놈은 대학에 들어가면 ROTC에 입단하여 장교가 되겠다는 포부를 밝히며 체력을 키우려고 운동을 시작하였다. 아버지의 일거수일투족에 삐딱하게 시비를 걸듯 사춘기를 마감한 아들놈이 아버지의 뒤를 이어 학군단이 되겠다고 나섰다. 고3 입시로 바닥난 체력을 보강하려고 고육지책으로 시작한 운동이려니 했는데 나름대로 꿈이 있었던 모양이다. 아버지인 나의 이력을 간접적으로 시인하는 아들의 첫 번째 행동이라 내심 기분이 좋았다.

아들 녀석이 하루는 나에게 와서 제법 당당하게 아버지를 치켜세웠다. 학교에서 군기반장으로 통하는 선생님이 ROTC 출신이란 소리에 우리 아버지도 ROTC 출신이라는 말을 했던 모양이다. 그랬더니 대뜸 "니네 아버지 몇기냐"고 물었단다. 19기라고 했더니 갑자기 선생님이 위축되더라나. 나도 몰랐는데 아버지

병과까지 아내에게 물어서 외우고 다니는 모양이다. 다행히 아들 녀석의 선생님이 나보다 한참 기수가 낮았다. 그날 이후로 아들 놈은 갑자기 학교에서 위세가 등등해졌다. 정말 오랜만에 아버지를 조금 존경하는 눈치다.

아들이 고등학교에 들어가기 전, 우리 가족은 외국여행을 떠난 적이 있다. 그때 가이드가 시간이 날 때마다 젊은 시절 ROTC 장교였음을 일주일 내내 강조하였다. 듣기 지겨웠던지 아들 녀석이 아내에게 ROTC의 진상을 캐물었다. 아무것도 모르는 아들 녀석은 가이드 아저씨를 따라다니며 우리 아버지도 아저씨처럼 ROTC라고 말한 모양이다. 어느 날 밤, 술기가 오른 가이드는 공개적으로 나를 지목하며 후배님 같다면서 나에게 몇 기냐고 대들듯이 물었다.

남자에게 이 순간은 참으로 중요한 시점이다. 동물적인 서열이 정해지는 긴장되는 순간이기 때문이다. 그러나 나는 알고 있었다. 가이드는 쉴 새 없이 자신의 이야기를 떠들다 보니 나이와 가정환경까지 이것저것 다 이야기할 수밖에 없었던 것을. 그날 이후로 아들 녀석은 가이드 아저씨를 친구 취급했다. 아버지가 가이드보다 선배라는 이유로.

그래,
너도 남자구나

아내가 아들 녀석과 키를 재보라고 내 등을 떠민다. 등을 갖다 대니 고목나무처럼 둔탁한 아들의 등짝이 느껴진다. 내가 살짝 발꿈치를 들자 아내와 녀석이 난리다. 아버지 반칙이라고. 이것도 녀석이 어린 시절 잘도 써먹던 수법이다. 녀석의 키가 한눈에 알아볼 수 있을 만큼 우뚝하게 솟아오르는 순간 아내는 흐뭇한 웃음을 짓는다. 딸아이까지 불러서 확인하는 아내가 은근히 야속하다. 세상에 믿을 사람이 없다. 마지막 배신자는 나의 가장 친한 사람들 중에 있다는 말이 실감난다.

요즘 녀석은 틈만 나면 부쩍 제 어머니를 애인 껴안듯이 끌어안는 것도 모자라 비비고 파고들며 난리를 친다. 유교관념이 철철 넘치던 70년대 초만 해도 어머니 치맛자락에 안기기는 했을망정 어머니를 에로배우처럼 끌어안지는 않았다. 잠자리에서 어머니 젖을 만지고 싶어 얼마나 안달을 했는지 모른다. 다 커서도 어린 조카가 어머니 젖을 만지고 있는 모습을 보면 부럽기 그지없었다.

우리 집에서 아내는 법적인 소유권만 나에게 있지 실질 소유권은 녀석에게 넘어간 지 오래다. 어쩌다 내가 배고프다면 눈을 흘기는 아내가 녀석이 배고프다면 아픈 몸을 끌고서도 시장에 간다. 울어야 할지 웃어야 할지 모르겠다. 아내는 녀석의 애인이자 친구이자 충성스러운 비서다. 아들은 이제 아내가 야단치면 지나가는 옆집 강아지가 우는 것처럼 대꾸조차 하지 않는다. 어쩌다 화가 난 아내가 손으로 때리는 시늉만 하여도 건장한 녀석은 어머니를 껴안고 조롱하듯이 팔을 원래 자리로 내려놓는다. 힘이 장사다.

인생의 진정한 성공은 마음을 얻는 자의 몫이다. 아내는 어떤 상황에서도 아들 편을 든다. 때로는 의견 차이로 철없는 남편의 마음을 한없이 초라하게 몰아치면서 한발도 물러서지 않는 사람이, 녀석의 잘못에는 찻잔 속의 태풍처럼 언제 그랬냐는 듯이 생각 없는 사람처럼 깔깔거린다. 참 이해하지 못할 일이다.

그래도 아들이 나를 안심시켜 줄 때가 있다. 아직도 아이라고 생각했던 녀석이 갑자기 무거운 물건을 한손으로 들어줄 때 철없는 아버지인 나는 기분이 좋다. 돌아가신 아버님은 주말마다 내가 집에 들르면 힘든 농사일에도 어깨를 펴시며 그렇게 좋아하셨다. 어머님은 멀리서 내 발자국 소리만 듣고도 호미를 내려놓고 이마의 땀을 닦으며 막내아들의 모습을 느긋하게 내려다보셨다. 한없이 평화로운 그 순간에 바다보다 깊고 태산보다 높은 사랑이 존재했다.

언젠가 든든한 아들을 대동하고 나타난 친구가 아들의 등을 두드리며 말했다.

"인자 이 녀석이 나 먹여 살리겠지…."

나는 아직도 이 부분에서는 자신이 서지 않는다. 아들이 육체적인 성장에 비해 정신적인 성장이 더디지 않나 여전히 불안하기 때문이다. 하지만 녀석의 든든한 어깨와 훌쩍 커버린 덩치가 창고 안의 곡식처럼 철없는 아버지의 가난한 마음을 훈훈하게 데워준다.

녀석은 이래저래 돌아가신 아버님을 많이 떠올리게 한다. 컹컹거리며 걸어 다니는 모습이 아버님과 많이 닮았다. 녀석이 외모만큼은 나를 닮지 않아서 얼마나 다행인지 모른다. 늘 녀석의 키가 나보다 작을까 봐 걱정을 했었다. 세상의 모든 부모들처럼 나도 녀석이 나보다는 키도 크고 공부도 잘하고 잘 살았으면 좋겠다.

아들은 요즘 오리궁둥이에 히프가 터지도록 청바지를 끌어올리다 아내에게 하소연을 한다. 아내가 짜증 반 즐거움 반 비명을 지른다.

"내가 못 산다. 작년에 산 청바지가 안 맞으면 어쩌라는 거야."

아내의 청바지는 요즘 철따라 바뀐다. 산적 같은 녀석이 입다 맞지 않아서 버린 것을 주워 입기도 바쁜 모양이다. 녀석의 입지가 집안에서 갈수록 커지고 있다. 나의 몫을 어느새 조금씩 가로채고 있다. 아들은 집안의 자잘한 소일거리를 나보다 더 잘한다. 전자제품에서 컴퓨터에 이르기까지 내 손을 거치지 않고 녀석이 해결한다. 스스로 요리도 잘 해먹는다. 아침마다 팬티를 세우고 나타나는 수컷의 정기를 볼 때마다 흐뭇해지는 것은 녀석이 내 아들이기 때문이다.

어린 시절, 돌아가신 아버님은 밤마다 슬그머니 나의 그곳을 잡았다. 그리고 우리 아들 얼마나 컸는지 한번 보자 하신다. 나는 기겁을 하고 뿌리치지만 지금은 그 손길이 한없이 그립다. 이것이 아버지와 아들간의 끈끈한 동지애인지 모른다. 나도 잠결에 아들놈의 그곳에 손을 가져가 본다. 잠결에도 마치 산적처럼 나의 손을 낚아채며 아들이 한소리 던진다.

"이거 뭐하는 짓입니까."

아들은 아주 가끔 가뭄에 단비 오듯 철없는 아버지에게 수컷의 징후를 상담한다. 그때 솔직히 기분이 좋다. 아내는 아는지 모르는지 한술 더 뜬다.

"나중에 아빠한테 연애는 어떻게 하는 건지 물어보렴. 첫날밤에 어떻게 하는지도. 아! 그래… 아버지는 고수야."

나는 묵묵부답이다. 그러면 녀석은 의미심장한 미소를 지으며 엄마를 꼬시는 실력이면 어디 한번 믿어보겠다고 웃고 만다. 나는 돌아가신 아버님에게 성적인 고민까지 상담하지는 못했다. 그저 친구들로부터 엉터리 처방이나 받아서 혼자 끙끙거리며 지냈던 기억이 난다.

이제 이 집안에 나 말고도 덩치까지 큰 짐승이 하나 버티고 있다는 것만으로 마음이 든든하다. 왠지 녀석이 집에 들어서면 집이 꽉 찬 느낌이다. 설사 도둑이 들어왔다 하더라도 마음을 놓을 수 있을 것 같다. 이제 내가 없어도 될 것 같아 혼자 한참을 흐뭇해했다.

그런데도 철없는 아버지는 자꾸 아들을 조종하고 싶어진다. 왜 공부하느냐는 질문에 "엄마가 화내니까요"라는 대답이 장난처럼 들리지 않는다. 마마보이가 괜히 나오는 말이 아닐 것이다. 기다려주고 믿어주는 일이 왜 이리 힘든지. 조금 늦게 돌아서가는 길이라도 믿음으로 기다려주었던 돌아가신 부모님이 생각난다. 인생의 가파른 경사 길에서 넘어졌을 때조차 부모님만은 한없이 따뜻한 눈으로 하고 싶은 말을 삼키며 용기를 주셨다. 오늘도 조용히 마음을 다스린다. 내일 또다시 괴물처럼 녀석을 몰아붙일지라도.

짚신장수 딸
우산장수 아들

날씨가 몹시 추웠던 12월 어느 날, 한 통의 무거운 전화를 받았다.

"아빠, 나 떨어졌어."

갑자기 할 말을 잊었다. 응, 그래 수고했어… 순간 가슴 한구석이 철렁 내려앉았다. 딸아이가 특목고 시험에서 떨어진 것이 내가 시험에서 떨어진 것보다 더 생생하게 느껴졌다. 갑자기 정전이 된 것처럼 모든 빛깔이 사라져버렸다. 철없는 아버지는 설마 하는 생각에 아내에게 전화를 넣는다. 이미 초상집 분위기가 되어 울먹이는 아내의 목소리를 들으며 겨우 한마디 던진다.

"여보, 수고했어. 잊어버려…."

순간 딸아이의 아픈 마음보다 추락하는 아버지의 마음이 먼저 보였다. 철없는 아버지는 자신의 면목을 먼저 생각하고 있었다. 몇 십 년 전의 아득한 시간이 시공을 초월하여 내 앞에 떨어진 것 같았다. 대학입시 낙방. 몇 십 년이 지난 그 아픈 통증이 딸아이의 외고 낙방 소식과 함께 신경을 마비시킬 정도로 몸을 타고 흘렀다. 멍한 상태로 과거와 현재와 미래가 마구 뒤섞이듯 혼란스러웠다. 안개가 걷히자 저만치서 아픈 딸아이의 영혼이 나를 바라본다. 전화를 다시 할까 고민했다. 되돌릴 수 없는 사실이라면 시련의 앙금이 가라앉을 때까지 기다리기로 했다. 아픈 만큼 성숙하는 것이 섭리이기 때문이다.

내 인생에서 되풀이하고 싶지 않는 일 중 제일은 낙방이다. 그러나 나는 지금도 수없이 낙방의 고배를 마시고 있다. 현상공모라는 것도 사실 공개경쟁시험이나 마찬가지다. 서너 개의 작품, 적게는 한 작품만 선택되고 나머지는 모두 휴지처럼 버려진다. 건축가는 누구나 이 공개경쟁의 아픔과 희열을 간직하고 있다.

철없는 아버지인 나는 낙방의 아픔을 누구보다 잘 안다. 재수하던 시절, 참혹함을 혼자서 삭이며 보낸 지난 시간이 떠오른다. 학원에도 제대로 다니지 못하고 혼자서 공부했던 지난 시절의 아픔이 마치 어제의 일처럼 느껴진다. 인생을 다지는 일일까. 아니면 이것도 하나님의 뜻일까. 이런 저런 생각을 하고 있을 때 아들에게서 오랜만에 문자메시지가 도착했다.

‘아빠! 나 오늘 영어시험 대박 잘 봤어.’

인생은 어쩌면 이렇게 비대칭으로 움직이는 것일까. 한 자식은 시련에 빠져 울상인데 다른 자식은 시험을 너무 잘 봤다고 희색이 만연하니… 참 인생은 뭐가 뭔지 모르겠다. 짚신장수와 우산장수를 둔 부모의 마음이 이런 것일까.

지난밤 울적한 마음을 술과 함께하고 늦게 잔 탓으로 느지막하게 일어났다. 매일 아침 습관처럼 행하는 백팔 배가 하기 싫어졌다. 딸아이 특목고 입학을 위해 아버지가 특별히 정성을 보탠 것이 그나마 매일 아침 삼백 배였다. 아버지의 특별한 마음을 딸아이에게 전할 수 있는 몇 되지 않는 방법이다. 평소에는 매일 아침 백팔 배를 하다 딸아이 시험을 한 달 앞두고 간절한 마음을 담아 더 열심히 절을 했다.

나는 마음의 짐을 내려놓고 새로운 출구를 찾아야 했다. 쉼 없이 자기수양을 하는 것으로 시작해서, 나를 닦고 가족을 닦고 딸아이의 아픈 상처를 닦는 일이 세상을 닦는 일이다. 이렇게 나의 하루는 작은 분노를 내려놓는 일로 시작되었다. 수레가 무심하게 길바닥을 굴러가듯 나는 저녁 밤하늘을 가르며 운동장을 돌았다. 혼자 걸어가는 발걸음에서 감정의 변화를 느꼈다. 힘들다가 재밌

다가 지루했다가 만족하는 단순한 패턴 속에서 하루의 명상을 하였다. 딸아이의 밤이 다른 이에게는 희망찬 아침이듯이 딸아이의 아픔이 다른 유성에서 보면 희망의 별처럼 반짝일지 모른다.

아버지에게는 살아야 할 3만 가지 이유가 있다

내가 아플 때도

할머니가 돌아가셨을 때도

어머니는 눈물을 흘렸지만

아버지는 울지 않고

등에서는 땀 냄새만 났다

— 하청호, 〈아버지의 등〉 중에서

나는 아들을 질투한다

아들과 아내는 연적처럼 싸우고 웃고 화해하고 다시 끌어안으며 죽고 못 살 것처럼 군다. 몇 년마다 한 번씩 경각심을 깨워주려는 듯 허리가 말썽을 부리는 날, 하필이면 나만 쏙 빼고 재미난 영화를 보면서 낄낄거리며 웃고 있는 모습이 눈꼴사납다. 시체처럼 누워 남인 양 떠들고 있는 가족들을 바라보고 있으려니 마음에서 불덩이가 일렁거린다. 끝도 없이 아래로 아래로 지옥 끝까지라도 내려갈 태세다.

아픈 남편을 내팽개치고 웃고 떠드는 아내가 무심한 아들보다 더 밉다. 아내는 권력의 주변을 맴도는 생명력이 긴 정치인처럼 가정의 울타리에서 언제나 주도권을 잡고 있다. 그래서 옛말에 여자는 남자 셋만 잘 만나면 평생 걱정이 없다고 했나 보다. 아버지를 잘 만나는 것이 첫 번째 복이고, 두 번째는 남편 잘 만나는 것이고, 세 번째는 아들 잘 만나는 것이란다. 아내는 적어도 두 사람은 잘 만난 것 같다. 아버지와 아들까지는 무난해 보인다. 아무래도 남편은 좀 부실한 것 같다. 나는 대한민국 남편이면 누구나 거치는 두 번째 사춘기를 보내고 있다. 고3 아들을 둔 대한민국 아내는 남편을 발길에 채이는 돌처럼 무심하게 쳐다보며 등을 돌려버린다.

집안에서 모든 것은 아들의 생체리듬에 맞추어진다. 퇴근하는 아버지의 숨소리와 걸음소리를 유리거울 위를 걷듯 조심스럽게 만들었다. 생선 한 토막조차도 먹기 좋은 부분은 언제부터인가 아들의 턱밑에 놓여 있다. 재주는 곰이 피우고 돈은 누가 버는지 모를 지경이다. 어쩌다 불만이라도 슬쩍 드러내면 아내는 투정부리는 못난 애비의 시기심 정도로 치부하고 만다.

직장에서도 마찬가지다. 상사를 평생 하나님처럼 모시며 뼛골이 부서져라 일만 하던 때에서 갑자기 시절이 바뀌었다. 하나같이 자유인으로 거듭 태어난 부하직원들 틈에서 목소리 한번 시원하게 내지도 못한다. 영원히 샌드위치 속의 햄처럼 낀 세대로 살아가는 바보 같은 남자는 집안에서도 위로받을 수 없다. 중학교

때부터 시작한 자취생활 때문에 뼈 속까지 타향살이의 설움으로 다져졌건만, 아들놈은 완전히 새로운 신천지에서 태어난 귀족처럼 아내를 하인처럼 부리며 공부하면서도 큰소리는 다 치고 산다. 사람은 확실히 때를 잘 타고 나야 한다.

아들놈만 보면 잠자던 부화까지 치밀어 오를 때가 가끔 있다. 비록 고물자동차이긴 하지만 학원 코밑까지 대령하는 것도 모자라 수시로 학원까지 호출하기 일쑤다. 아들의 비위를 맞추기 위해, 호기를 만족시키기 위해 옷과 먹을거리를 대령하면서도 큰소리 한번 못 치고 산다. 세상이 바뀌었다. 아버지 지게 위에 올라타는 것만으로도 신이 났던 화려한 과거가 아득한 조선시대의 야사처럼 흐느적거린다.

아들의 호출에는 하나님의 부르심처럼 경건하게 따르는 아내가 더 밉다. 아들놈은 시도 때도 없이 아내를 호출하는 것도 모자라 아내를 장난감처럼 가지고 논다. 수시로 몸을 끌어안고 비비고 소란을 피운다. 눈꼴사나워 못 봐줄 지경이다. 한밤중에도 아들의 주문이 떨어지면 임금을 모시는 수라간의 궁녀처럼 아내는 열심히 스파게티를 준비한다. 어쩌다 내가 뭐 좀 먹고 싶다면 딴청을 부리면서 말이다. 인생의 껍질만 남은 중년 남자는 가정에서, 그것도 가장 안전한 피난처인 안방에서조차 제자리를 찾지 못한다. 어쩌다 오랜만에 고개를 들어도 고3 아들의 실세 앞에 무참히 외면당하는 신세다.

그러던 아내가 이번에는 원군을 요청하고 나섰다. 아들놈이 야동을 몰래 보고 있다고 난리다. 아니 우리 집에서 야동을 대놓고 허락한 것이 어제 오늘 일이 아닌데 웬 호들갑이냐고 반색을 하자 아내는 숨이 넘어갈 것처럼 자지러진다. 아들놈이 애인 같은 자신을 배신했다고 남편에게 한풀이를 한다. 아내는 아들의 하인이자 비밀경찰 노릇을 하고 있다. 애정이 지나치면 서로에게 상처를 주는 법이다.

책꽂이 구석진 곳에 몰래 빌린 빨간 잡지나 속칭 꿀단지(성애를 적나라하게 묘사한 중국고전이나 민간소설)를 숨겨놓고 혼자서 가쁜 숨을 몰아쉬던 것은 다 지난날 얘기다. 요즘 아들은 컴퓨터 속의 우주만큼 넓은 공간에 자신만의 비밀스러운 방을 만들어 놓고 욕구를 채워줄 신세대 꿀단지를 차곡차곡 쌓고 있다. 불쌍한 아버지는 절대 찾아낼 수 없다. 세상 참 불공평하다. 인터넷 사이트를 뒤쳐서 음란동영상을 찾아내는 능력도 아버지보다 탁월하다. 친구와 문자메시지 주고받듯 불법동영상을 주고받는다. 그렇게 욕구를 채우고는 흔적도 없이 지워버린다. 아버지도 좀 보여주지.

컴퓨터 앞에서 영상강의를 듣고 있던 아들놈이 잠시만 흑심을 품으면 불법동영상을 동시에 볼 수 있다. 요즘 아내는 아들이 영상강의를 보고 있어도 마음을 놓지 못하는 불확실한 시간을 살고 있다. 그래도 아내는 싫지 않은 눈치다. 아들과 다투면서도 거친 아들의 몸동작이 싫다고 소리치는 목소리에는 애정이 담겨있는 것 같아서 나는 질투가 난다. 좀 더 시간이 지나고, 아들의 사랑이 아내에게서 달아나 아들의 연인에게 꽂힐 그날을 기다리며 인내할 뿐이다.

그 많던 아내와의 잠자리는 다 어디로 갔을까

10대 시절 나는 아버지와 어머니는 특별한 인자를 갖춘 사람으로 생각했다. 아버지와 어머니에게서 남자와 여자로서 그 흔한 애정행각을 절대 발견할 수 없었기 때문이다. 지금 내가 철없는 아버지가 되어 부모님을 생각해보면 사랑 한 번 나누는 것조차 얼마나 조심하고 또 조심하며 서로를 보듬었을지 짐작하고도 남음이 있다.

딸아이와 아내는 한 달에 한 번 비교적 정확한 주기로 그날이 온다. 딸아이는 생리주기를 조절할 수 있는 시대를 살아가고 있지만 생리를 멈추거나 없앨 수는 없다. 무심한 남편인 나는 아내의 생리 주기와 신체사이즈, 결혼날짜와 생일날짜 모두 깡그리 잊어버리고 살아간다. 어쩌다 급한 정열이 넘칠 때마다 소리 없이 물개처럼 다정하게 파고들지만 철없는 남편은 아내의 표정만으로는 그날을 알아채지 못한다. 침실에서도 자연의 질서와 섭리가 날씨와 계절만큼 다양하게 불어 닥친다. 침실은 가장 작은 세상의 축소판이자 인간의 제일 작은 지도다.

철없는 아버지에게도 한 달에 한 번 그날이 온다. 생리적인 활동이든 정신적인 침체기간이든 아버지에게도 그날이 어김없이 찾아온다. 젊을 때는 생리적인 활동으로, 나이가 들어서는 정신적인 침체기로 잠자는 자존심의 머리를 낚아채고 달아난다.

죽고 싶도록 삶이 무거워 달아나지 못하고 침대 속에서 사막을 헤매듯 뒤척이며 세계지도를 그리는 순간이 있다. 불같이 뜨거운 열정으로 아내를 파고들지는 못해도 아주 조용히 아내의 등에 기대어 나직하게 몸을 누이고서 안식의 세계로 떠나고 싶을 때가 있다. 절묘한 그 순간 종종 태클을 걸고 들어오는 건 자식들이다. 옛날에는 남녀칠세부동석이라 해서 나이가 들면 아버지 어머니 방에 함부로 들어오지 못했지만, 지금은 한밤중이나 대낮이나 안방은 세종로처럼 누구나 지나가는 통로가 되었다. 물론 철없는 아버지를 둔 우리 집의 풍경이긴 하지만 고3 아들이 있는 집에서는 새벽 두 시가 되어도 안방에 통금이 없다.

그렇다고 아들의 뜻을 받들어주는 아내를 막아서기도 힘들다. 아들 녀석이 공부를 하고 있다는 사실 자체에 젊은 시절 남편의 근육질 보듯 반가워하는 아내가 미워 죽을 맛이지만 세월이 변한 것을 어쩌겠는가. 아무리 겨울이 좋다고 발버둥을 쳐도 한여름까지 스키 세트를 자동차 위에 달고 다닐 수는 없는 노릇이다. 세상에 이리 치이고 저리 치이다 집으로 돌아왔건만 아내를 오롯이 내 품에 안을 수 없다. 이제 아버지는 어디에다 하소연을 한단 말인가.

옛날에는 부모님 초상을 3년 치른다고 하지만, 지금은 자식의 3년 상(고등학교 3년)을 치르는 시대다. 그것도 운이 좋아야 3년이다. 철없는 아버지가 저녁에 일찍 들어와 빈둥거리는 것은 가정의 재난이다. 하릴없이 TV를 켜고 있어도 안 된다. 아들보다 아내가 더 매서운 눈초리로 어눌한 남편을 몰아붙인다. 나날이 기력이 쇠해가는 남편의 몰골과는 정반대로 씨름선수처럼 튼튼한 팔뚝으로 무장한 아내가 압박하기 시작하면 직장의 칼바람 못지않다.

얼마 전부터 나는 아이들에게 아주 대놓고 오늘은 안방에 들어오지 말라고 쐐기를 박는다. 그러고 자리에 누우면 딸아이는 자꾸만 아내 옆을 파고들며 오늘 같이 자도 되냐고 어린애처럼 칭얼거린다. 나는 그저 마음이 지쳤을 때 짧은 순간이나마 아내의 가슴을 빌리고 싶다. 그 순간의 안식만이라도 방해받지 않고 싶을 뿐이다.

세상이 강해지면 가정도 강해져야 하는 법이다. 힘들고 아플 때 잠도 제대로 자지 않으면 다음날 더 피곤하다. 그래서 나는 할 수 없이 오늘이 그날이라고 소리친다. 여러 가지 의미를 포함하는 말이지만 나는 그 뒷맛을 좋아한다. 추락하는 남자의 마지막 날개를 뉘일 침대마저 아들과 딸에게 넘겨주고 싶지 않다. 그러면 딸아이는 놀리듯이 말한다.

"아빠 또 그날이야? 나이가 몇인데 아직도…."

이렇게 말하는 딸아이도 한 달에 한 번은 아주 조용하게 지내는 그날이 있지 않은가. 아버지도 그런 날을 한 달에 적어도 한 번은 가지고 싶다. 침대에 조용히 머리를 처박고, 세상의 상처를 부드러운 이불의 촉감으로 어루만지고, 아내의 진한 살 냄새로 치유 받는 순간 말이다.

때로는 아무도 없는 무인도 같은 침대에서 세상의 바람을 피하고 싶다. 나를 이해해주는 사람들하고만 같이 살아가고 싶다는 생각을 한 적도 있다. 너희들이 보기에는 아버지가 탱크처럼 튼튼하고 헤라클레스처럼 강한 것 같지만 매일 무너지고 매일 일어서는 평범한 사람에 불과하다. 자동차 접촉사고를 내고서도 그 뒤처리를 아내에게 맡기고 집으로 줄행랑을 치고 싶을 만큼 남자라는 책임감을 내려놓고 달아나고 싶은 적이 많았다.

눈을 감고 현실을 잊어버리고 아내의 변하지 않는 향수 하나만으로 아내와의 달콤했던 신혼생활을 떠올릴 수 있는 유일한 공간은 침실이다. 침실에서의 상상력은 얼마나 위대한지 모른다. 아들놈의 시선은 여전히 좀 부담스럽다. 딸아이는 오늘이 그날이라는 말 한마디로 쉽게 물러나지만, 아들놈은 역시 남자라서인지 아내의 몸을 있는 대로 부둥켜 안고 엄살을 부리다가 아쉬운 듯 침실을 떠난다. 그러면 나는 아주 조용히 침실 문을 닫는다. 고3이라는 살벌한 세상으로부터 문을 닫아거는 조용한 의식이다.

추락하는 것은 날개가 있다더니

마흔다섯, 무기력하게 무너지는 나를 더는 볼 수 없다는 두려운 마음으로 스페인 유학을 결심했다. 스페인으로 떠나는 출국일정을 잡아놓고 딸아이의 유치원 행사에 참석했다. 돌아가신 부모님과의 추억이 아련하게 내 가슴에 남아 있듯이, 어린 딸의 가슴에 쌓아둘 추억을 준비하기 위해 딸의 손을 잡고 따라나섰다.

헤어질 시간을 앞두고 있어선지 어린 딸의 모습이 자꾸만 가슴에 밟혔다. 아무것도 모르는 딸아이의 즐거운 모습이 마음을 더 힘들게 했다. 대통령 할아버지의 죽음조차 모르는 어린 손녀가 카메라 기자를 향해 V자를 그리며 포즈를 취하는 사진처럼 내

가슴에는 눈물로 맺혔다. 딸과 아버지의 추억 쌓기가 헤어짐의 마지막 만찬처럼 느껴졌다. 언덕을 오르고, 밀고 잡아당기며 우리 부녀는 하나가 되었다. 안타까운 애비의 마음을 알 길 없는 딸아이의 순진한 눈빛과 마주칠 때마다 마음이 짠했다.

돌아가시기 전 그렇게도 막내아들의 졸업식에 오고 싶어 하셨던 아버님의 마음이 갑자기 밟혔다. 추억은 나누는 것이 아니라 간직하는 것인가 보다. 아내가 준비해준 도시락을 먹으며 나는 눈물로 비벼진 행복을 맛보았다. 그리고 새로운 다짐을 했다. 희망이 끝없이 무너져 내릴 때마다 캥거루처럼 뒤로 물러서지 않고 앞으로 달려가는 방법을 찾겠다고. 불안이 들어올 창문을 희망으로 닫아버리겠다고.

스페인으로 떠나는 날, 우리 가족은 공항로비에 원을 그리듯 둥글게 모였다. 비장한 나의 마음을 아는지 모르는지 초등학생이던 아들 녀석은 천진난만하게 웃고 있었다. 현실과 부딪히는 순간에도 의지가 조롱받는 순간에도 다음 목표는 항상 나를 기다린다. 무서운 속도로 변해가는 세상에서 나 또한 늘 마음 조리며 희망을 찾아가는 어린 아이에 불과하다.

스페인은 나에게 수많은 질문을 퍼부었다. 질문보다 더 좋은 공부는 없다지만 가족에서 떨어지는 순간, 질문이 끝없이 생겨났다. 혼자가 되면서 비로소 내 영혼의 날개가 펼쳐졌다. 나는 누구인가? 나는 왜 사는가? 무엇을 위해 살아야 하나? 세상에 무엇을 공헌할 것인가? 가족이란 무엇인가? 아버님에게 나의 존재는 무엇이었던가? 아이들에게 나의 존재는 무엇인가? 앞으로 남은 인생은 무엇을 위해 살아야 하나? 끝도 없는 질문이 이어졌다.

행복이란 무엇인가? 고난과 고통은 왜 늘 나를 따라다니며 괴롭히는가? 사랑이란 무엇인가? 여자와 남자는 왜 존재하는가? 결혼의 의미는? 죽음의 의미는? 결혼과 섹스의 차이는? 친구의 의미는? 뭐 이런 구질구질한 질문들이 고독한 시간을 삼키며 나의 가슴을 슬금슬금 파고들었다.

외로움은 나를 항상 두 갈래 길 앞에 밀어 넣고 선택을 강요하였다. 스페인으로 도망친 나의 탈출극은 IMF구제금융 위기 앞에서 최대한 폼 나게 출구를 찾은 모양새였지만, 나는 곧바로 깊은 번민의 구렁텅이에 빠졌다. 준비된 탈출이 아니었기에 예상치 못한 장애물을 만났다. 적군의 심장부를 기습하는 특공대원처럼 긴장의 끈을 놓아버릴 수가 없었다. 나를 기다리고 있는 낭만은 바늘의 구멍 같았다.

나는 추락하는 모든 것에는 날개가 있다는 것을 신념처럼 믿는다. 추락하는 순간 반사적으로 펼치는 날갯짓의 아픔은 겪어본 사람만이 알 수 있다. 가끔 인생의 절벽과 마주할 때 나는 본능적으로 뒤로 물러선다. 뛰어내리기에는 용기가 부족하고 남아 있으려면 희망의 날개를 접어야 한다. 날개를 접은 아픔은 남들에게는 숨길 수 있지만 영원히 나 자신만은 속일 수 없다. 소리 없이 그림자처럼 다가와 평생 고통스럽게 나 자신을 갉아먹는다. 너무나 태연하게 그 아픔을 우리는 운명이라 부른다.

솔직히 말하면 나는 유학생활을 수없이 동경하였다. 속수무책으로 무너지는 IMF구제금융 위기 앞에서 나는 또다시 모험을 해야 했다. 그냥 주저앉기에는 스스로가 부끄러웠다. 이것이 마지막 기회일지 모른다는 생각이 나를 몰아붙였다. 마흔이 넘도록 접어두었던 날개를 다시 펼 수 있게 한 IMF구제금융이 나에게는 위험한 선물이었다.

내 인생의 신대륙은 스페인이다. 대지를 온통 불태워버릴 것처럼 검붉은 황혼이 타들어갈 즈음 나는 스페인 땅을 밟았다. 아들을 처음 만나던 순간의 황홀한 기억처럼 마드리드의 황혼은 그렇게 다가왔다. 나의 마음을 보살필 여유 같은 것은 한 방울도 남아있지 않다는 절망감이 오히려 나를 다시 일으켜 세워주었다. 고독이 벌떼처럼 나를 에워싸면 쌀수록 고독의 눈썹에 매달린 가족의 사랑은 더 위대하였다.

나는 입양된 아이처럼 하루아침에 말과 문화와 음식이 다른 곳에서 손짓발짓을 하고 있었다. "저녁 먹어"라는 말을 몰라 하숙집 할머니의 몸동작으로 겨우 알아들었다. 꼬미다(음식)라는 단어 하나만 겨우 암기하고 있었던 나는 세나르(저녁)라는 말에 여지없이 무너졌다. 서울에서 그렇게 자유를 갈망하였건만 막상 자유로워지자 그 중심은 사막처럼 적막하였다. 말 한마디 붙일 틈이 없고 내 입맛에 맞는 음식 한 쪼가리 먹을 수가 없었다. 그렇게도 좋아하는 샤워를 할라치면 거추장스러운 휘장막을 두르고 새색시처럼 조신하게 물을 끼얹어야 했다.

어학원에 등록을 하러 갔지만 스페인어를 한마디도 할 수 없어서 종이 위에 이름밖에 기록하지 못하였다. 결국 나의 보호자 같은 현지 김 사장과 통화를 하고서야 강의실에 도착할 수 있었다. 원형테이블 앞에 앉은 일곱 사람은 하나같이 다 피부색이 달랐다. 어색한 웃음을 지으며 그렇게도 원하던 학생 신분으로 돌아갔다. 마흔다섯까지 지워버렸던 꿈을 다시 끄집어내는 일이 너무 눈 깜짝할 사이에 군사작전처럼 이루어졌다.

나를 잘 아는 김 사장은 한국인 하숙집이 아닌 스페인 하숙집에 나를 넘겨버렸다. 약속과 다른 것 같아서 약이 올랐지만 나를 위해 그렇게 했다는 것을 모르는 바는 아니다. 가끔 아들 녀석에게 미래의 꿈을 위해 현재의 고통을 선물하고 싶은 나의 마음은 스페인에서 나왔다. 한글이라고는 한 자도 없는 스페인어 교본을 받아들고는 얼마나 낙담을 했던지. 한마디도 알아듣지 못하면서 강의 네 시간을 버티는 것은 차라리 고문이었다. 하루 종일 스페인어 교본을 들고 사전을 뒤적거렸지만 숙제는 끝마칠 수가 없었다. 진도는 또 왜 그렇게 빠른지. 할 수 없이 하숙집 할머니 턱밑에 책을 들이밀었다. 물론 단박에 거절당했다. No! 스페인어도 거절하는 말은 영어와 똑같다.

어느 날 하숙집에 말랑말랑한 프랑스 아가씨가 들어왔다. 너무 기뻐서 콩글리시를 지껄이며 대화를 나누었다. 단어를 더듬적거리며 찾지 않고 몇 마디 이상 말을 해보는 게 얼마 만인지 속이 다 시원했다. 그날 이후로 나는 프랑스 아가씨에게 시도 때도 없이 스페인어 책을 내밀었다. 며칠 뒤에도 프랑스 아가씨의 방문을 두드렸다. 그러자 누군가 소스라치며 고꾸라지는 것 같았다. 프랑스 아가씨가 아니라 하숙집 딸이었다. 스페인 사람을 잘 구분하지 못하던 때라 벌어진 해프닝이다. 그날로 나는 하숙집에서 쫓겨났다. 무례한 한국 아저씨의 용감무쌍함은 스페인 문화에서는 통하지 않았다.

월말이 지나 학원에서 시험을 보았다. 결과는 50점대였다. 60점을 넘겨야 상급반으로 옮겨가는데 그만 유급을 당했다. 난생 처음 꿈을 이루기 위해 도전한 스페인어에서 유급이라니… 도대체 지금 뭐하고 있는 걸까. 자존심이 있는 대로 구겨졌다. 그래도 다시 다녔다. 어쩔 수 없지 않은가. 그런데 이번에는 신기하게도 선생님의 말을 조금씩 알아들을 수 있었다. 죽으라는 법은 없는 모양이다.

어느 날, 마음이 너덜너덜해져 축 늘어진 채로 넋 나간 사람처럼 전철역에서 하염없이 고민에 빠져있을 때 강도를 당했다. 세 명의 건장한 북아프리카 청년이 나를 가로막았다. 잘 짜진 각본처럼 한 놈은 나의 목에 나이프를 대었고, 한 놈은 열쇠꾸러미를 떨어뜨리는가 싶더니 갑자기 나의 발을 잡았고, 한 놈은 등 뒤에서 나의 몸을 자기 몸처럼 수색하기 시작했다.

인생에서 즐거움은 드물게 등장하지만, 불행과 고독과 어려움은 연이어 찾아온다. 포기하고 한국으로 돌아갈 것인지 끝까지 살아남을 것인지 흔들리는 마음을 시험하는 것 같았다. 제2의 고향이라고 찾아갔던 스페인이 이제는 적국처럼 느껴졌다. 길에서 마주치는 모든 사람들이 나를 잡아먹을 것만 같았다.

언젠가 북한을 탈출한 한 지식인의 말이 생각났다. 북한에서 남한으로 탈출하는 것은 목숨을 건 위험한 일이지만, 한국에서 살아가는 일은 수백 번 탈출하는 기분으로 살아남는 것이라고. 이 말이 가시처럼 나의 목에 걸렸다. 외국은 어리벙벙한 정신자세로 살아갈 수 있는 곳이 아니라는 말이 실감났다. 내 등을 떠밀다시피 스페인으로 내몰았던 스승은 마지막으로 웃으면서 이런 말을 했었다.

"김 선생, 수양 좀 하고 오세요. 나도 미국에서 대학원 다니면서 몇 번이나 운전대를 꺾고 싶었어요. 운전대를 오른쪽으로 꺾기만 하면 고단한 삶이 끝날 텐데 하는 생각을 매일 했지요."

그때는 낭만적인 이야기라고 흘려버렸었다. 이제 나는 스승이 말하는 수양이 무엇인지 정확히 알게 되었다. 힘겨움도 지속되다 보면 틈이 보이기 마련이다. 그게 삶의 박력이다. 어학원을 다니면서 한 가지 낭만을 찾아냈다. 네 시간의 지루한 강의시간 사이 달콤한 30분의 휴식을 그냥 흘려보내지 않았다. 5분 거리의 스페인광장에서 우아하게 스케치를 하며 시간을 즐겼다. 지나가는 관광객들의 환호를 받으며 나는 화가가 되었다. 힘든 인생길에서 삶을 즐기는 비밀의 문을 열고 들어간 기분이었다.

나는 아주 어렵게 작은 징검다리를 하나씩 놓아갔다. 결코 만만하지는 않았지만 어려움에 적응하는 맷집이 조금씩 생겨났다. 우연찮게 한국인 입양아를 만나는 행운을 얻기도 하면서 몸과 마음이 아주 천천히 단련되었다. 옮겨간 하숙집에서는 다소곳이 예의를 지키는 문화인이 되었으며, 하숙집 딸에게 예의를 갖추어 스페인어 도움을 받았다.

운이 좋아 마드리드 건축대학원 복원건축 과정에 등록할 수 있었다. 쉽게 쫓아내지는 못할 것이라는 배짱 하나로 열심히 다녔다. 어학원 생활보다는 문화적인 수준이 높았다. 교수와 친구들을 사귀면서 삶의 폭이 넓어졌다. 주말마다 친구들을 따라 파티에 참석하면서 나이를 잊고 젊은 친구들과 한 몸이 되었다. 스페인은 한국처럼 그렇게 나이를 따지지 않는다. 질펀하게 젊은 친구들과 어울려 놀다 보니 몸과 정신이 회춘하는 기분이었다.

열심히 견디다 보면 다 길이 나타난다. 포기하지 않고 열심히 따라가다 보면 정자도 만나고 호수도 만나도 샘도 만나는 법이다. 천사 같은 친구 라파엘은 스페인어를 쉬운 스페인어로 통역해주었다. 아마 그 친구는 전생에 나에게 빚을 엄청 진 친구일 것이다. 강의시간에는 라파엘 옆에 앉아서 그의 통역을 들으며 교수의 강의를 받아 적었다. 악몽 같은 시간도 지나고 나면 아름다운 추억으로 변하는 것이 삶의 비밀이다. 오늘도 고난의 끝에 기회와 희망이 놓여 있다는 뻔한 말을 들으면 한숨부터 나지만, 일의 중심으로 들어가는 것만이 일의 고통에서 빠져나오는 길이라는 것을 그때 체험하였다.

공부만 해도 시간이 모자라는 와중에도 도서관에 죽치고 앉아 시간을 죽이는 것이 싫어서 무작정 여행을 다녔다. 스페인 전역을 혼자 돌아다니며 세상 공부를 했다. 길을 잘못 들어 고생하고 버스를 놓쳐 낭패 보기도 하고 강도를 당해 가진 돈을 날려버리고 친구의 도움으로 다시 돌아오는 수없는 해프닝을 겪으며 혼자서 살아가는 강한 의지력을 시험하였다.

그래도 대학원 작품 발표 날은 죽기보다 싫었다. 1~2년 만에

스페인 알람브라 궁전

스페인어가 확 늘지는 않았다. 남들보다 더 많이 도면을 그렸다. 친구들은 다들 컴퓨터로 폼 나게 그렸지만 나 혼자 열심히 손으로 무식하게 그리고 또 그렸다. 그랬더니 차별화가 이루어졌다.

위기를 헤쳐 나가는 강한 나의 DNA를 늦은 스페인 유학에서 발견했다. 스페인 유학은 남은 나의 인생이 그렇게 호락호락하지 않음을 예견하는 지도이기도 하다. 지금도 여전히 두렵고 혼란스럽지만, 새로운 도전을 하고 여유를 찾아갈 수 있는 힘을 나는 스페인에서 터득하였다. 아들 녀석은 지금 끝도 없이 조여 오는 입시의 늪을 건너고 있다. 수없이 악어가 나타나고 바람이 불고 배에 물이 샐지 모른다. 비록 힘은 들겠지만, 철없는 아버지는 믿는다. 그 과정에서 분명히 무언가 배울 점이 있을 것이다. 고난은 스스로 물러나는 법이 없다. 꼭 마지막에 선물꾸러미를 남겨두기 때문이다.

냉장고 안에
신방을 차리시든지

미국발 금융위기에 또다시 회사가 휘청거렸다. 나는 무급휴가를 결정하고 아들의 힘든 고2 여름방학을 함께 보내기로 했다. 아들은 그리 반갑지 않은 표정으로 한 마디 건넨다.

"아빠, 사무실 힘들어? 회사 문 닫았지, 그렇지?"

나는 대꾸 대신 빙그레 웃었다. 말을 하는 것이 더 구차스러울 때도 있는 법이다. 가족의 시선을 피해 도서관으로 줄행랑을 놓을 수도 있었다. 세상에서 밀려나는 오십 줄의 초라한 모습을 보여주는 것 같아서 마음은 허했지만 정면 돌파하기로 결심했다. 무더운 여름, 나 자신에게 시위하는 모습을 아들에게 보여주고 싶었는지도 모른다. 말보다 무서운 것은 행동이다. 거실을 서재 삼아 자리에 앉았다.

막상 해보니 한 시간 이상 앉아서 무언가를 한다는 게 쉽지 않았다. 30분을 넘기기가 무섭게 냉장고문을 열었다 닫았다 하면서 똥마려운 강아지마냥 안절부절이다. 아들과 번갈아 가며 애꿎은 냉장고 문만 열어 재꼈다. 아내가 참다못해 한마디 던진다.

"그러지 말고 둘이서 냉장고 안에 아예 신방을 꾸미시든지."

아들의 집중력마저 흐트러뜨리는 꼴이었다. 야, 이거 만만치 않구나. 그렇다고 낮잠을 잘 수도 없는 고약한 신세였다. 하지만 이런 상황이 오히려 약이 되었다. 아들의 심정이 이해되었다. 세상 모든 이치가 그렇다. 상대방과 교감하려면 제일 먼저 조용히 상대방의 마음을 보듬어야 한다. 듣고 또 들으면 이해할 수 있다. 그래, 이참에 한번 망가져보자. 있는 사실을 숨기는 것보다 더 나쁜 것은 없다.

"아들! 더운데 책 읽으려니까 참 힘들다, 그치?"

오랜만에 아들하고 의사소통이 확실하게 이루어졌다. 하루에도 몇 번이나 애꿎은 참외를 깎고 있는 나를 보고 아들은 핀잔을 주었다. 평소 돈 버는 기계치고는 시원치 않아도 적당한 권위는 있었는데 그나마 조금 남아 있던 권위마저 바닥을 드러냈다. 아내가 질세라 한마디 거든다.

"집안 분위기 망치지 말고 산에나 갔다 오든지."

퇴직하고 집에 들어앉은 남자들의 아픔이 온몸으로 전해왔다. 아무리 돈 잘 벌었던 남자도 은퇴하고 한 달만 집에 있으면 아내가 질색을 한다는 말이 실감났다. 그 옛날 아버지의 권위는 벌써 시궁창에 던져버렸다. 게임이나 인생이나 현상유지하려고 마음을 굳히는 순간 무너진다. 이를 악물고 버텼다. 아내는 왔다 갔다 하며 나의 행동을 감시했다. 무섭다. 이게 남자의 말년 팔자라면 못 살 것 같다. 일주일이 끝나갈 무렵 겨우 망아지처럼 날뛰는 나의 몸이 제자리를 잡았다. 간사한 마음에 쉬고 싶다는 생각도 했지만 습관이 풀어지지 못하도록 나를 단속하였다. 이제 겨우 엉덩이가 자리를 잡았다. 이 패턴을 다시 놓치고 싶지 않았다.

아들 녀석이 조금씩 위기감을 느끼는지 공손해지기 시작했다. 공자 왈 맹자 왈 떠드는 것보다 행동으로 보여주는 것이 최선이다. 여섯 시간을 소리 없이 앉아서 책을 읽고 원고를 써내려갔다. 한석봉의 어머니처럼 자판을 두드리는 소리만 무더운 한낮의 조용한 거실에 울렸다. 더 이상 패배한 남자의 얼굴로 죽어가는 영혼의 가면을 쓰고 싶지 않았다. 아들과 경쟁하겠다는 생각을 벗어던졌다. 나 자신에게 남아 있는 의지의 날을 세워갔다. 어느 순간 마음은 수평선처럼 부드럽게 내려앉았다.

아주 가끔 가볍지 않은 기분으로 숨 가쁘게 살아온 인생을 되

돌아본다. 돌아가신 부모님이 가슴에 자리 잡는 순간 어느새 따뜻하게 가슴이 부풀어 오른다. 어린 시절의 익숙한 영상들이 마치 어제 일처럼 떠오른다. 사춘기라고 늙은 부모님을 속 썩이던 시절, 단 한 번도 나의 아픔을 건드리지 않고 끝까지 따뜻하게 위로해주었던 속 깊은 아버님의 마음과 마주칠 때면 나는 눈부신 사랑에 물든다. 아버님의 모습을 조금씩 닮아가고 있는 나는 아버님의 따뜻한 사랑을 따라다녔다.

지금 나와 아들은 어떤가. 나와 마주앉기조차 힘들어하는 녀석의 모습이 애처롭다. 성적표가 길을 막아서기 전 우리 부자는 너무나 아름다운 시절을 살았었다. 한겨울 조각 햇빛에도 너는 그 빛을 향하여 아장아장 잘도 걸었다. 더 이상 아무것도 바라지 않았다. 너의 존재 그 자체만으로 기쁨이자 희망이자 행복이었다. 조막만한 너의 뒤뚱거리는 몸이 나의 품으로 달려올 때 나는 바다가 되었다. 너를 안는 순간 바다 같은 나의 가슴은 사랑으로 너울거렸다. 이제 내가 언젠가 연기처럼 사라진다 해도 더 이상 두렵지 않다. 아버님과 나의 심장을 간직한 네가 우리의 인생을 이어갈 것이기 때문이다.

허리가 건강해야
비로소 아버지가 된다

아들과의 더부살이 3주차에 접어들자 정신의 근육이 어느 정도 단단해졌다. 이번에는 무더운 여름 날씨가 내 의지를 시험했다. 머리에 불이 날 지경이었다. 떠오르지 않는 문장을 억지로 이어붙이다 보니 머리가 터질 것 같았다. 찬물에 적신 수건을 머리에 둘렀다. 선풍기의 뜨거운 바람이 수분을 증발시키며 머리의 열기를 날려 보냈다. 에어컨을 놔두고 이렇게 미친 짓을 하는 것은 스승으로부터 배웠다.

몇 년 전 무더운 여름날 스승의 연구실을 찾았다. 요즘 세상에 보기 드문 학자라는 것은 익히 알고 있었지만 당신이 직접 책을 읽고 있는 모습을 본 것은 처음이었다. 연구실 문을 열고 들어서자 역한 공기가 빨려들었다. 자료와 책들이 책상을 삼켜버릴 듯이 어지럽게 피라미드처럼 쌓여 있었다. 손님용 둥근 의자 몇 개만 남겨두고 책들이 공간을 장악해버렸다. 스승은 책꽂이 사이의 작은 책상에서 책을 보고 있었다. 외로운 선풍기 한 대가 적막을 깨우며 돌아가고 있었다. 나는 공기가 너무 답답한 나머지 나도 모르게 말해버렸다.

"에어컨 좀 켜시죠."

생뚱맞은 나의 첫 마디에 선생은 피식 웃으며 찻잔을 내 앞에 놓았다. 그것도 뜨거운 포터에서 끓인 차였다. 준비해간 시원한 음료수에는 눈길조차 보내지 않고 입을 떼신다.

"더운 여름날 조용히 책 읽는 재미를 에어컨에 빼앗길 순 없지요."

늙어가는 제자는 그날도 보기 좋게 한방 얻어맞았다. 그래도 기분이 참 좋았다. 형광등은 모두 다 꺼버리고 작은 램프에 의지해 웃통을 벗어던지고 앉아 있는 스승은 거대한 한 마리 곰처럼 위엄이 있었다. 나도 스승처럼 아들에게 곰처럼 보일 짓을 시작했다. 불을 모두 끄고, 방충망 사이로 삐져 들어오는 햇빛에 글자를 맡기고 선풍기 바람을 매미 울음 삼아 독서삼매경에 빠졌다. 에어컨의 시원함은 편하지만 왠지 밀폐된 공간의 차가운 냉기가 벌레처럼 몸을 파고드는 것 같아 싫어졌다. 이래도 찝찝하고 저래도 답답한 기분을 조절해주는 것은 결국 의지력이다.

녀석에게 결코 시위를 하거나 모범을 보일 생각으로 시작한 일은 아니다. 외로운 입시전쟁터에서 녀석과 생사를 나누는 전우처럼 고통을 나누고 싶었다. 계속 물을 마셔가며 고독한 시간의 사막을 걸었다. 누구의 방해도 받지 않으며 서로 자신이 해야 할 일에 빠져 들었다. 책읽기와 글쓰기가 좋은 점은 어느 정도 참고 하다 보면 글 속에 스스로 들어가게 된다는 점이다. 생각은 울타리가 없다.

아들은 조금씩 변해가고 있었다. 방문을 부드럽게 여닫으며 애비의 마음을 헤아리고 냉장고 문을 여닫으며 차가운 냉수와 과일을 나누어주었다. 적어도 나를 적군에서 인격적인 동반자로 인정한다는 신호다. 녀석과 정신적인 소통이 이루어지고 있었다. 남자와 남자, 아버지와 아들의 형식적인 관계가 아니라 가슴과 가슴을 이어주는 뜨거운 동질감이 불타올랐다. 가족의 일원으로 나의 신분이 격상되는 기분을 느꼈다.

시간이 흐를수록 아들과 나는 말을 하지 않아도 서로의 마음을 읽을 수 있게 됐다. 경계하는 눈빛으로 곁눈질하듯 나의 마음을 훔쳐보던 녀석이 이제 호기심어린 눈길로 나의 마음에 발을 들여놓는다. 이것저것 살펴보고 주문까지 하였다. 아들이 내 가슴으로 들어오기를 그렇게도 간절하게 바랐건만 전에는 한 번도 쉽게 마음을 주지 않았다. 차갑게 외면하며 형식적인 인사만 주고받던 지난날이 어제 일처럼 추억되었다. 몸은 무겁지만 마음은 너무나 상쾌했다. 매일 조금씩 글자의 벽돌을 함께 나르는 그 마음 하나로 충분하였다. 신뢰의 집이 제법 골조를 갖추고 창문을 달고 근사한 가구까지 들여놓았다.

아들을 데리고 운동장으로 나갔다. 아직 걷는 명상을 이해하기에는 너무 어리다. 그냥 줄넘기를 던져주었다. 고3을 이겨나가는 비법은 허리에 있다고 말하고 싶었지만 그냥 웃었다. 하체를 키워야 허리를 세우고 허리가 튼튼해야 정신을 지킬 수 있다는 말을 하고 싶었지만 그만두었다. 이 말의 이중적인 의미를 녀석도 곧 알게 될 것이다.

시간과 공간의 제약에서 벗어나 자유롭게 운동할 수 있는 종목으로는 걷기와 달리기가 제격이다. 푹 찐 마늘을 건강식품마냥 먹었던 연애박사 파블로 네루다는 달리기에 대한 자신의 견해를 짧고 간결하게 설명하였다.

"다리에 힘이 있어야 애인을 감당할 것 아닌가."

내 말이 그 말이다. 여기에 덧붙여, 아들아 허리도 잊지 마라. 스페인에서 푹 찐 마늘을 대령할 아내는 없었지만 매일 스트레스로 스러져가는 육신을 일으켜 세워주는 달리기는 할 수 있었다.

매일 미친놈처럼 달리고 달렸다. 그날 하루의 스트레스를 비 맞은 중처럼 중얼거리며 날려버렸다.

하긴 아내가 옆에 있다 하더라도 나누어줄 정력은 남아 있지 않았다. 그래도 그때는 마흔 중반이라 젊음의 꼬리라도 남아 있어서 건건히 몸을 지탱하였다. 쉰을 넘기면서부터는 정력은 고사하고 중력을 견뎌주었던 하체가 바람 빠진 타이어처럼 틈만 나면 주저앉았다. 허리를 꼿꼿하게 세웠던 날이 언제인지 앉기만 하면 의자가 허리를 파묻었다. 자꾸만 늘어지는 몸과 마음은 불어터진 국수 가락처럼 흐느적거렸다.

그런데 아들의 마음을 세우려다 나의 허리를 세웠다. 허리가 탱탱해지는 기분은 참으로 묘했다. 그동안 묻어두었던 욕망이 새싹처럼 고개를 드는 것은 덤이고 자신감이 봄버들에 물오르듯이 스며들었다. 건강한 허리가 자존감을 높이고 뇌의 회전을 보증한다는 사실을 아내는 모른다. 괜히 미소 지으며 거울 앞에서 자신감을 보이는 나의 마음을 아내는 모를 것이다. 남자는 자신의 건강한 정력을 확인하는 순간, 고래처럼 춤추게 된다.

아들도 내가 그랬듯이 고래처럼 춤추었으면 좋겠다. 하지만 칭찬을 많이 해주지 못한다. 돌아가신 아버님처럼 희생적인 사랑을 주지 못해 녀석에게 미안하다. 머리에 먹물을 채웠다는 이유로 더 영악하고 논리적으로 따지고 묻기만 하였다. 시간이 조금 더 흐른 먼 훗날, 나는 이 시간을 기억할 것이다.

나는 네 모습을 기억한다
나는 지난 여름의 네 모습을 기억한다
너는 회색 베레요 조용한 가슴이었다
네 눈 속에서 황혼의 불꽃들이 싸우고 있었다
그리고 나뭇잎은 네 영혼의 물에 떨어졌다

— 파블로 네루다, 〈가을을 여름으로 바꾸었다〉

때때로 아내의 불호령이 너와 나의 자유를 구속할지도 모른다. 그래도 나는 너를 믿는다. 나는 너를 이제야 온전하게 받아들였다. 네 할아버지의 마음이 이런 종류였을 것이라 짐작한다. 너의 모든 것을 있는 그대로 사랑한다. 무더운 여름, 너와 함께한 그 뜨거운 한 달간의 추억이 끝이 났다.

그래도 인생은 아름답다

마드리드 대학원 졸업작품발표회를 앞두고 거의 매일 밤 가위에 눌렸다. 제자리인 스페인어 실력이 나의 영혼까지 짓밟아버렸다. 할 수 없이 슬로우비디오처럼 도면을 그려나갔다. 최소한의 말과 글로 나의 설계 의도를 이해할 수 있게 도면을 그리고 또 그렸다. 포기할 것인가 정면승부 할 것인가. 포기하면 순간은 모면할 수 있지만 영원히 패배의 늪에서 허우적거릴 것이다. 피할 수 없는 위기가 닥쳐오면 나는 약한 목자가 되어 하나님에게 기도한다. 동물적인 본능으로 간절한 기도를 드렸다.

'비겁하게 뒤로 물러서지 말고 너 자신을 한번 던져보라.'

가슴에 묵언이 떨어지기 무섭게 침묵이 흘렀다. 가슴은 이미 답을 알고 있었다. 단지 감추고 싶은 진실이 드러나는 것이 두려울 뿐이었다. 나의 장점을 찾아내기까지 너무 많은 시간을 고통스럽게 흘려보냈다. 그래도 두려움이 남은 자존심의 살갗을 파고들었다. 잘 할 수 있을까? 자존심이 상처 날까 두려웠다. 나는 다시 기도했다.

'너를 온전히 던져버려라.'

하나님은 언제나 보이지 않는 다른 쪽 문을 열어놓는다. 마지막 남은 자존심의 가면을 벗어던질 때 비로소 드러나는 진실의 문이다. 숟가락에 담긴 물을 흘리지 않고 주변 풍경을 감상할 수는 없다. 숟가락에 신경 쓰지 않고 풍경을 감상하든지 물을 흘리지 않도록 주의를 기울이며 풍경을 포기하든지 선택해야 한다.

지금까지 인생을 살면서 운명처럼 나를 온전히 던진 게임에서 한 번도 진 적이 없다. 매일 나를 누르는 약간의 부담감이 나에게 보약이라는 것을 알아버렸다. 매일 매일이 새로우면서도 매일 매일이 힘들고 고통스럽다. 몸이 약간 힘들어야 정신이 맑고 행복해지는 이 신비를 누가 알겠는가. 매번 아들에게 숟가락의 물도 흘리지 말고 풍경도 감상하라는 무책임한 말을 던지는 나의 모습이 겹쳐졌다.

아들이 고등학교 2학년에 올라가자 우리는 함께 목표하는 대학을 정했다. 조금씩 다른 입시전형을 챙기고 가, 나, 다 군으로 나누어진 전형을 읽고 많은 대학과 전공학과를 꼼꼼히 챙겼다. 의문스러운 점은 담임선생님이나 학원을 찾아가서 상담하였다.

선택하는 순간은 언제나 두려움을 동반한다. 가질 것과 버릴 것을 선택하는 시간은 원하는 것이 무엇인지에 대한 진실한 답변이다. 이 부분은 확실히 아내보다 내가 더 익숙한 모양이다. 두렵지 않은 것이 아니라 두렵기 때문에 더 신중하게 걸어가는 것이다. 전공학과는 컴퓨터 관련학과로 정했다. 아들의 전문 분야인 역사를 활용하여 게임을 만들기 위해서는 컴퓨터 프로그래밍과 관련된 다양한 첨단도구(Tool)에 대한 지식을 배우는 것이 최선이라 믿었다. 아들의 장래가 걸린 문제라서 그런지 늘 포기한 과목이 눈에 아른거렸다. 아내가 자꾸 되새김질을 할 때마다 강하게 그 뿌리를 잘랐다. 그렇다고 방황이 없는 것이 아니다. 먼 훗날 아쉬움으로 회한에 잠길지라도 지금은 뒤도 돌아보지 않고 앞으로 가야 한다. 아들과 함께 심사숙고하면서 내린 결정이다.

아내는 마지막으로 아들이 가고 싶은 대학을 견학하기로 하였다. 아들에게 꿈이라는 큰 선물을 보여주고 나머지 작은 일들을 잠시 미루게 하고 싶었다. 아들에게 마지막으로 한 가지 부탁을 했다. 그렇게도 좋아하는 역사게임을 잠시 접어두면 어떻겠냐고. 역사 계보와 인물, 지도를 끌어안고 시간이 날 때마다 쓰고 그리는 취미를 잠시 접어두고 꿈이라는 그림의 기초를 만드는 일에 매진하자고 사정했다. 인생이나 집이나 결국 기초와 뼈대를 튼튼히 만드는 일이 먼저다. 뼈대를 만들고 나면 전체 밑그림이 보인다. 내가 무엇을 할 것인지에 대한 전체적인 구도가 잡히기 때문이다.

집을 지을 때도 그렇다. 주변 환경을 살펴보고 대지의 상태와 조망, 진입도로의 여건을 고려한다. 예산의 범위가 어느 정도인지, 가족 구성원이 특별히 요구하는 추가공간은 무엇인지 여러 가지 요구조건을 살피고 나서 디자인에 들어간다.

이때 가장 중요한 것은 단순히 스케치와 모델을 만드는 기능적인 작업이 아니라, 대지를 바라보고 주변 환경과 주택이 어떻게 조화를 이루며 공존해나가게 할 것인가에 대한 건축가의 태도와 철학을 간결하게 정하는 일이다. 건축가는 단순하게 도면을 그리는 기능인이 아니기 때문이다. 그 집에서 살아갈 가족을 이해하고 그들의 공동체를 어떻게 꾸며줄까 고민해야 하기 때문이다. 이런 과정을 수없이 반복하면서 마침내 또렷한 영상을 발견한다. 이것이 디자인의 골격이자 뼈대다.

건축가의 마음속에 먼저 생생한 집이 나타난다. 발견한 영상을 가슴에 간직하고 다양한 스케치와 개념을 다시 정리한다. 대강의 평면과 단면을 그리다가 일순간 주변의 전경과 하나가 된 한 폭의 그림을 만난다. 처음부터 세세한 디테일을 그리지는 않는다. 전체적인 규모와 층수에 맞추어 볼륨과 형태가 조금씩 구체적으로 드러난다.

아들에게 제일 중요한 것은 인생에서 자신만의 뼈대를 찾아내는 일이다. 왜 공부하느냐를 질문하고 그 질문에 답해야 하는 이유다. 대학을 왜 가야하는지, 왜 이 대학과 전공을 선택하는지, 그리고 앞으로 무엇을 어떻게 이루어나갈지에 대한 마스터플랜을 만드는 일이다.

명문대학이 더 좋은 인맥과 사회적 안전망을 확보하는 지름길임을 부정하는 사람은 아무도 없다. 문제는 여기서 멈추지 않고 그 이후의 조감도를 그리는 일이다. 아들이 대학을 결정하고 학과를 선택하고 입시전략을 짜는 것은 도전의 길목에서 중요한 인생의 골격을 세우는 역사적인 순간이다. 선택 그 자체가 아름답고 가슴 설레는 게임이다. 선택은 책임과 의무의 기둥 위에 존재하는 지붕이다. 대학을 선택하고 직업을 찾고 사랑하는 사람을 만나는 일은 인생이란 항해에서 가장 스릴 넘치는 순간이다. 미리 가본 길이 아니기 때문에 인생이 아름다운 것이다.

가우디와 아들

밤 12시가 넘어서 출발한 바르셀로나행 버스는 아라곤 왕국의 밤하늘을 거침없이 달렸다. 새벽 안개 사이로 지중해를 물들이며 검붉은 태양이 타올랐다. 대지와 하늘을 가로지르며 수평선을 태워버릴 것처럼 시뻘건 불꽃이 일렁거렸다. 상상을 초월하는 '그 인간'의 건축물을 앞에 두고 몸이 떨리고 있었다. 놀라움으로 말문이 막혔다. 흡사 거인을 만나는 감동이 이런 것일까 싶었다. 지금은 죽은 사람이라 불만을 토로하고 싶은 마음을 접을 수 있다는 게 차라리 다행일까. 도저히 인간이 한 짓이라고는 믿을 수 없는 그의 작품을 바라보고 있노라면 도저히 '왜?'를 '어떻게?'로 바꿀 수 없다. 그는 인간이었을까. 같은 인간이면 하나님은 왜 나를 이렇게 초라하게 만드셨을까.

많은 시간과 정성과 돈을 들여 수많은 건축물을 돌아보았지만 성가족성당을 보는 순간, 이건 내가 지금 죽었다 깨어나도 할 수 없다는 절망감이 머리에서 발끝까지 관통하였다. 피라미드 앞에서도 만리장성을 앞에 두고서도 이렇게 절망적이지 않았다. 가우디의 건축물은 돈과 시간과 사람만 주어지면 얼마든지 할 수 있는 그런 건축물이 아니다. 근대건축의 아버지라는 르 꼬르뷔제 앞에서도 놀라지 않던 내가 유독 이 인간의 작품을 앞에 두고서는 낙화처럼 쪼그라들었다.

바르셀로나를 자기 작품의 배경으로 만들어버린 미친 인간 가우디는 한마디로 나에게 충격이었다. 인간의 영혼이 어디까지 위대해질 수 있는가 하는 명제를 깡그리 무시해버린 가우디의 작품은 사람이 빚은 작품이 아니다. 그것도 중세가 아니라 근대의 작품이다. 이제 겨우 1세기가 조금 지난 작품이 이렇게 나의 영혼을 압도할 수 있단 말인가. 지루하기 짝이 없는 세상사에서 인간의 비범함을 가우디보다 더 솔직하게 보여줄 수는 없다. 아들이 대학생이 되면 제일 먼저 인간이 아닌 인간 가우디를 보여주고 싶다. 인간의 상상력으로 무엇이든 할 수 있다는 이야기를 가우디의 작품보다 더 잘 설명할 수 있는 것은 없다.

가우디는 가난한 대장장이의 아들로 태어났다. 작은 대장간을 캔버스처럼 여기며 살았던 아버지로부터 우직하게 철을 다루는 법을 배웠다. 위대한 거인은 자신의 작은 발견을 소중하게 간직할 줄 알았다. 어린 시절부터 관절염의 병마가 늪처럼 그의 인생을 질식시켰지만 결코 굴복하지 않았다. 작은 아픔조차 자신을 극복하는 도구로 삼았던 그는 아버지의 작은 대장간을 상상력의 교실로 여겼다. 가난한 아버지의 존재를 부정하지 않고 자신의 유산으로 승화시켰다. 가우디의 천재적인 상상력은 아버지의 대장간에서 배운 수공예 장인기술에서 시작되었다. 일이 없으면 엿가락처럼 철을 다루며 대문을 만들고 책상을 만들었다. 철을 조각하던 손으로 돌을 조각하고 공간을 조각하고 인생을 조각하고 바르셀로나를 조각하였다.

살아온 날만큼 살아갈 날이 두려운 나에게 가우디는 잠언처럼 다가온다. 보잘 것 없는 삶의 아픔과 슬픔까지도 버리지 말고 너의 미래를 위해 가꾸고 손질하여 작품으로 발전시키라고 꾸짖는 것 같다. 가우디에게 사지를 찍어 누르는 관절염의 고통을 이기는 유일한 방법은 미치도록 일하는 것뿐이었다. 가우디는 그렇게 고통이 건네준 행운을 놓치지 않았다. 내가 알고 있는 가우디는 평생 자신의 길을 외롭지만 당당하게 걸어간 사람이다. 자신의 단점을 장점으로 승화시킬 줄 알았다. 돈과 권력에 탐닉하며 안

주하지 않았다. 명예로운 바르셀로나 건축대학 교수직 제의를 과감히 거절할 줄 아는 장인 중의 장인이었다.

가우디는 평생 관절염으로 고통을 받았기 때문에 오래 가만히 한자리에 앉아서 설계하기가 힘들었다. 대부분의 건축학도들은 구상을 하고, 2차원 도면을 그리고, 3차원 투시도나 모형을 만들어보는 순서로 자신의 아이디어를 검증한다. 그러나 가우디는 자신의 상황에 맞는 방법을 스스로 찾아갔다. 그는 어린 시절부터 직접 발로 뛰며 생각하고 만들고 나서 빠른 시간에 2차원 도면을 그렸다. 2차원을 3차원으로 그리거나 만들 때는 시행착오가 많지만 3차원을 2차원으로 그릴 때는 공간적으로 사물의 정황을 꿰뚫어 알고 있으므로 그리는 데 시간이 걸리지 않는다.

가우디는 설계실에 앉아 남들처럼 편안하게 건축을 하지 않았다. 가난한 고학생인 그는 학생 때부터 철공소를 들락거리며 직접 만들고 용접까지 했다. 가우디는 어린 시절 고향 레우스와 타라고나 지방에 흩어져 있는 로마 유적지를 놀이터마냥 돌아다니며 폐허가 되기 전의 모습을 가슴으로 그렸다. 그 버릇은 훗날 자신의 작업에 그대로 적용되었다. 가우디의 걸작 중 하나인 까사 밀라를 지을 때는 돌 하나 붙일 때도 찰흙으로 모형을 만들어 수없이 들어 올렸다 내리기를 반복하며 정확한 실물모형을 만든 뒤에 몬주익 화강석을 직접 다듬었다.

가우디는 입으로만 인부들과 제자들에게 지시하지 않았다. 자신이 직접 실물을 제작하고 나서 그대로 하도록 하였다. 매우 엄격했지만 존경하지 않을 수 없었을 것이다. 파격적인 건축물을 지을 수 있었던 것도 바르셀로나 갑부들의 후원이 있었기 때문이다. 폭동이 일어났을 때도 가우디의 건축물이 파괴되지 않고 고스란히 살아남을 수 있었던 이유는 가난한 노동자를 존중하고 친구처럼 몸으로 직접 일하는 가우디를 진정으로 존경했기 때문이다.

가우디의 가장 위대한 점은 절대로 유행을 쫓거나 남들이 이미 간 길을 따라가지 않았다는 것이다. 매번 작품을 할 때마다 전혀 새로운 개념으로 실험과 도전을 했다. 미적으로도 구조적으로도 혁신적인 이유는 목숨을 걸고 도전했기 때문이다. 한 장짜리 가벼운 벽돌을 우산살처럼 쌓아가며 육중한 무게를 이겨낼 수 있는 아치를 만들었다. 거푸집을 뜯어낼 때는 무서워서 아무도 다가서지 않는데도 가우디는 태연하게 구조물 아래에 서 있었다. 가우디는 육감으로 건물을 짓지 않았다. 과학적인 공법이 개발되기 전에 이미 실험실을 만들어놓고 각종 구조실험을 했다. 공사현장의 여건을 축소하여 모형으로 제작실험을 거친 뒤 현장에서 시공했다.

가우디는 부자들이 의뢰하는 일을 하면서 부와 명성을 쌓았지만 결코 돈을 낭비한 적이 없다. 가우디는 까사밀라를 짓고 나서 소송까지 거치며 밀라 부인으로부터 거액의 공사금액을 받아

냈지만, 그 돈은 고스란히 성가족성당 공사비로 헌납하였다. 가우디는 철저하게 고독한 한 인간으로 건축을 사랑하며 평생을 살았다. 그가 전차에 치어 죽는 순간까지 변변한 옷 한 벌이 없었다. 늘 허름한 작업복 같은 평상복을 걸치고 호주머니에는 땅콩부스러기가 들어 있었다. 부와 명성을 한 몸에 안고 있었던 가우디였지만 정작 그는 행려병자로 죽었다. 아무도 가우디를 알아보지 못하고 이 병원 저 병원을 들락거리다 결국 치료시기를 놓치고 말았을 정도로 옷차림이 남루하였다.

그는 평생 독신으로 지냈다. 일에서는 그렇게도 도전적으로 인부들을 몰아치던 사람이 사랑하는 여인 앞에서는 한없이 수줍음을 타는 여린 남자였다. 그는 공사현장 근방에 사는 아리따운 여선생을 사모하였다. 사랑한다는 그 한마디를 하지 못하고 망설이다 너무 늦게 프로포즈를 하고 말았다. 마침 얼마 전 약혼을 약속한 그녀는 가우디의 마음을 받아들일 수 없었다. 그 뒤 가우디는 병든 누이의 외동딸과 아버지를 돌보며 건축과 결혼한 사람처럼 살았다.

나는 아들이 고통까지도 사랑할 줄 아는 가우디 같은 남자가 되기를 기도한다. 고통의 순간 미궁에서 헤맬지라도 세상과 타인을 적으로 생각하기보다 자신의 영혼을 믿을 수 있기를. 그런 가우디의 숨결이 아들에게 전해지기를. 한 번뿐인 인생, 소멸의 의

가우디의 까사밀라

미를 알려주는 성가족성당 첨탑 앞에서 나는 기도하였다.

아들이 그렇게도 좋아하는 역사책을 나도 좋아한다. 그리스신화에서 〈로마인 이야기〉까지 모두 좋아한다. 세계역사를 끌어안고 그 속에서 미래의 길을 찾아나서는 아들을 좋아한다. 아무리 힘들고 어렵더라도 녀석의 경험과 시간의 손때를 남과 비교하며 감추지 말기를 사슴처럼 기도한다. 녀석의 삶보다 빠르게 미끄러져갈 나의 삶도 마찬가지다.

혹성탈출,
스페인

경제 환란이 턱 밑까지 몰아칠 때 나는 어떻게든 몰래 빠져나가야 살 수 있을 것만 같았다. 사무실이 부도 위기에 몰리자 처음으로 인생의 허무를 느꼈다. 내가 딛고 서 있는 땅이 어느 날 갑자기 눈 녹듯 사라져버린 기분이었다. 탈출은 내가 딛고 있는 현실에서 잠깐 떠나는 여행이 아니라 갑작스런 도피다. 탈출은 여행이 아니다. 무작정 아무도 나를 알지 못하는 공간으로 떠나는 갑작스런 줄행랑이다. 혁명에 실패한 정치인처럼 급하게 비행기를 탔다. 비행기가 지상을 딛고 하늘로 날아오르는 순간 비로소 탈출에 성공했음을 직감했다. 마침내 기체가 수평을 유지하자 비로소 불안한 평온이 찾아왔다.

코끼리 다리를 기둥처럼 생각하며 좁은 한국 땅에서 살던 내가 어느 날 갑자기 도피하듯 스페인으로 날아갔다. 지구가 둥글다는 경험을 이렇게 갑작스럽게 할 줄 몰랐다. 탈출의 극적인 재미는 과거를 단칼에 끊어버리듯 박차고 나가는 추진력이다. 얼마 지나지 않아 눈물겹도록 과거가 그리워질지도 모를 일이지만 말이다.

내 인생에서 한 번도 밟아보지 않았던 미지의 공간 스페인은 탈출 장소로 미리 비워두었던 공간처럼 느껴졌다. 물과 공기, 문화와 풍습, 인종과 말씨와 날씨까지 다른 공간에서 불안한 자유를 느꼈다. 내 과거와 마주칠 일 없는 신천지에 발자국을 남기며 마드리드를 방랑하였다.

스페인에서 나는 육체의 나이를 잊어버리고 20대 젊은이들과 친구처럼 거리를 쏘다니며 시간을 비웃으며 살았다. 이해하는 것과 몸으로 체험하며 느끼는 일은 다르다는 것을 스페인에서 배웠다. 날지 않고는 하늘의 진실을 알 수 없다. 하지만 새로운 장난감을 손에 넣었을 때의 포만감처럼 만족감은 잠시뿐 익숙함이 그 자리를 메웠다. 마드리드의 황혼이 아무리 아름다워도 내가 평생 살아갈만한 매력을 던져주지는 못했다.

나는 초등학교 2학년인 아들과 유치원생인 딸을 남겨두고 도

망치듯 스페인으로 달아난 아버지였다. 내일의 태양이 뜨지 않았으면 하는 마음으로 깊어가는 밤을 지새우다 쌕쌕거리며 자고 있을 녀석들의 모습을 생각하며 희망을 건져 올렸다. 무너질 수 없었다. 걱정이라곤 한 점 찾아볼 수 없는 해맑은 아이들의 얼굴을 떠올리며 하릴없이 눈물을 삼켰다. 아버지로서 자식을 지켜주지 못한다는 미안함이 채찍처럼 내 육신을 내려찍었다. 순간 순간 목이 메어왔다. 마드리드의 모퉁이 작은 방에 둥지를 틀고 앉아 씩씩거리고 있는 나는 이방인에 불과했다. 익숙하지 않은 빵조각에 치즈를 발라먹다 수없이 토하였다. 중학생이 된 녀석이 학교급식이 입에 맞지 않는다고 날마다 빈속으로 돌아오던 꼴이 못 마땅하여 구박한 적이 있다. 우리 음식이 얼마나 맛있는데….

스페인은 나에게 눈물과 한숨과 환희가 섞여 있는 공간이다. 무심한 밤의 혹독한 외로움을 견뎌보지 않은 사람은 찬란한 아침 햇살의 자유를 느끼지 못하는 법이다. 마흔다섯 중년남자에게 국경은 지도 위의 작은 선이 아니라 교도소 담장처럼 자유를 구속하며 살아온 정신의 감옥인지 모른다. 가족을 위해 목숨 걸고 직장에 다니고, 먹고 살기 위해 자신의 목소리를 한없이 줄이며 살아오는 데 길들여졌는지 모른다. 스페인으로 떠날 때 주변에서 하나같이 몰아붙인 말은 경계선 밖으로 나갔다가 실종된 재난자들의 이야기뿐이었다. 그 나이에 무슨 부귀영화를 누리겠다고 그

먼 길을 떠나려 하느냐, 그 나이에 유학하고 돌아온다고 뭐가 달라질 것 같으냐. 자유는 가슴이 뜨거워지는 일이라는 것을 그들은 모르는 것 같다.

경계선 밖으로 탈출했다 돌아오고 나니 그들의 말이 180도 달라졌다. 어떻게 그 나이에 떠날 생각을 다 했냐, 역시 너는 해낼 줄 알았다, 뭐 이런 투로 오히려 나를 치켜세웠다. 세상인심 한번 고약하다. 짧은 순간의 탈출이었지만 내 인생 후반의 교훈을 발견한 시간이었다. 인생을 살면서 희망찬 모험을 지속할 수 있는 것만으로 감사했다. 감동적인 영화 한 편을 보고 눈물을 흘리는 것만으로도 한 달의 삶이 희망으로 채워질 것 같은 벅찬 징후를 스페인에서 느꼈다. 한 권의 책으로 감동의 세례를 받는 기분을 마드리드에서 맛보았다. 나는 삶이 다하는 순간까지 행복한 탈출을 감행할 것이다.

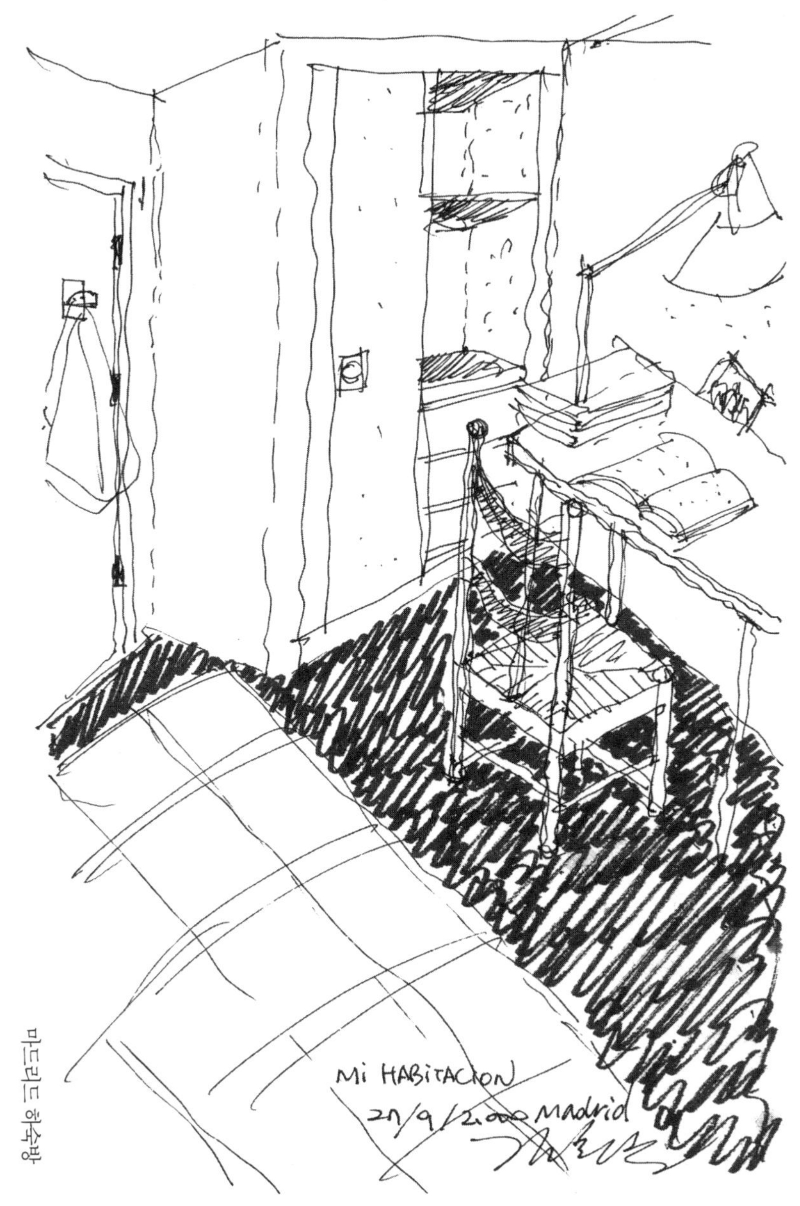

마드리드 하숙방

왜 어떤 아버지도 나처럼 살라고 말하지 않을까

부지런함에 익숙해져버린 산업시대 아버지인 나는 오늘도 질보다는 양에 목숨을 건다. 결혼하고 아내가 신기했던 것은 식탁에서였다. 가난한 촌놈인 나는 맛있는 음식은 나중에 먹는 버릇이 있지만, 풍족한 집안에서 자란 아내는 맛있는 음식을 먼저 먹는다. 항상 먹고 싶은 것을 마음대로 먹을 수 있었던 아내의 부유함과 늘 다음 먹을거리를 걱정하며 살았던 나의 가난이 선명하게 식탁 위에 드러나는 순간이었다.

나는 한 번에 두 가지를 동시에 하는 것에 익숙하다. 요즘말로 하면 투잡일 것이다. 대학 다니며 적당히 일을 하고, 직장 다니며 주간 일반대학원에서 공부하는 것이 익숙하다. 7080세대인 나의 동년배들은 하나같이 빠듯한 삶의 비탈길을 당연하다는 듯이 걸어갔다. 자수성가가 나 혼자만의 숙명이 아니었던 시대를 살았던 경험이 군살처럼 박혀 있다.

부모 세대들은 노는 것이 무엇인지 모른다. 예전 소장님들은 주말에도 어김없이 사무실에 나와 일을 했다. 그들에게 휴일은 일하는 강도가 조금 약한 날일 뿐이다. 자연히 낀 세대인 우리는 적당히 눈치 보며 요령껏 일과 휴식 사이에서 숨바꼭질을 하며 살았다.

젊은 시절, 나 역시 몸은 청춘이지만 정신은 노인처럼 살았다. 그저 일에 쫓겨 한순간도 마음을 내려놓지 못하고 이리저리 눈치 보며 소심하게 휴일을 보냈다. 운동도 하지 않았고 그렇다고 규칙적인 휴식이나 폼 나는 외출도 하지 못했다. 아들의 눈에 비친 아버지의 휴일은 오로지 잠으로 시작해서 잠으로 끝났다. '아버지 어디 있느냐?'는 물음에 어린 아들은 항상 침대를 가리켰다. 잠자는 아버지의 코를 비틀거나 배 위를 기어 다니며 무심한 잠을 깨우는 것이 아버지와의 유일한 놀이였다.

대학원 시절, 일주일에 이틀만 학교에 나가고 나머지 시간은 몽땅 사무실에서 매일 밤 10시까지 일을 했다. 내가 좋아하는 일이었으므로 불만은 없었다. 하지만 직장과 일반대학원을 동시에 다니는 나에게 밀린 숙제는 영원히 풀 수 없는 족쇄처럼 나를 짓눌렀다. 매일 새벽 2시까지 하루도 쉬지 않고 과제를 준비해도 좀처럼 할 일이 줄어들지 않았다. 주말이면 아침 일찍 일어나 쉴 새도 없이 일요일 밤까지 과제를 마무리했다. 대학원에 다니는 동안 주말에 낮잠을 자본 적이 거의 없다. 늘 부족한 공부시간만 헤아리다 보니 일은 놀이처럼 휴식하는 것으로 생각하고 공부는 일처럼 하게 됐다. 일에 찌든 나의 청춘은 건강하고는 담을 쌓았다. 매년 계절이 바뀔 때마다 신고식 하듯 감기를 달고 살았다. 그 길고 지루한 삶의 고리를 늦은 유학으로 끊을 수 있었다.

스페인에서 나는 육체를 가꾸는 일이 얼마나 중요한지를 알았고, 정신의 휴식이 삶을 풍족하게 만들어준다는 것을 처음으로 깨달았다. 틈만 나면 운동으로 스트레스를 날려버렸으며 금요일 밤이면 어김없이 배낭을 짊어지고 혼자서 여행을 떠났다. 혼자서 떠나는 여행은 적당한 긴장과 호기심을 동반한다. 가끔씩 김밥 옆구리 터지듯 목적지를 놓치고 일정이 엉키고 도둑에게 가진 것을 몽땅 헌납하는 사건이 일어났지만, 활력 있게 보낸 휴일의 근육으로 단단한 월요일의 산을 즐겁게 올랐다.

마음이 울적할 때마다 간단한 체육복을 입고 마드리드 시내를 이 잡듯 뛰어다녔다. 힘들 때마다 뛰어다니며 스트레스를 풀었다. 아플 시간이 없었다. 서울에 와서도 계속하는 것이 두 가지 있다. 하나는 매일 아침저녁 가벼운 운동을 하는 것이고, 또 하나는 글을 읽고 쓰는 일이다. 삶의 박진감이 내 인생 최대의 선물이란 믿음을 확신처럼 간직하게 되었다. 그런데 고3 아들 녀석이 어느 날 심각하게 아내에게 이런 말을 했다고 한다.

"SKY대학에 못 가면 아버지처럼 평생 공부하고 노력하며 살아야 되는 거야?"

아내는 웃으며 "응!" 하고 대답했다고 한다. 처음에는 약간 서운한 마음도 있었다. 그러다 이내 웃음이 터져 나왔다. 내 인생이 아들에게 공부하라는 말을 제대로 하고 있구나! 아들에게 아버지처럼 살지 말라고 한 적은 없다. 그렇다고 아버지처럼 살라고 한 적도 없다. 아들은 그저 아들의 인생을 살아갈 것이다. 언제부터인가 아들 녀석이 나를 따라 운동을 하기 시작했다. 그렇게 아버님을 닮아가던 어린 시절의 내 모습처럼 아들도 지금 나를 욕하며 나를 닮아가고 있는지 모른다.

철없는 아버지로 행복하게 사는 법

계란부침 한 종지 환한 밥상에서

아버지는 언제나 밥을 남겼고

우리들이 나눠먹은 그 쌀밥은 달았다

— 안효희, 〈아버지의 밥그릇〉 중에서

철없는 아버지의 3대 원칙

요즘 들어 아내는 나보고 진짜 많이 변했다고 야단이다. 꽤 듣기 좋은 말이다. 신혼시절이 아련해지고 아들딸이 태어나 서로가 무덤덤해진 시절 나는 아내에게 벌처럼 빠르게 독침을 찌르고 달아나는 까칠함의 대가였다. 생짜배기 독한 침이었다. 그러다 스페인으로 가출하고 돌아온 뒤로 나는 세 가지 원칙을 세웠다. 첫째, 아내에게 절대 말대꾸하지 않는다. 둘째, 언제나 재빠르게 인정하고 받아들인다. 셋째, 아내의 가사 일에 소리 없이 협조한다.

빠듯한 삶의 세파에 찢기고 상처받는 것도 모자라 마음속에 뾰족한 날을 품고 있으면 어떻게든 주변사람들을 찌르기 마련이다. 칼은 칼집에 들어 있는 것으로 충분한데도 애꿎은 장수가 자꾸 그 칼을 끄집어내어 주변사람들을 겁주는 꼴이다. 칼날로 상대방을 협박한다는 것은 이미 자신감을 잃어버렸다는 증거다. 스페인에서 보낸 외로운 한철은 가족의 그리움을 가슴으로 배우는 수양의 시간이었다. 스페인 생활에서 가장 부러웠던 것은 가족이 정답게 앉아 오순도순 이야기꽃을 피우고 함께 노래하고 나들이하는 것이었다. 만져보고 느끼고 냄새 맡는 작은 즐거움이 얼마나 소중한 것인지 늦은 스페인 유학에서 너무나 절실하게 깨달았다. 가정에서 아버지는 이제 경전의 글귀처럼 위엄을 뒤집어쓰고 있을 수만은 없다. 변해가는 현실에 맞추어 새로운 해석과 논리로 무장해야 하는 것처럼 아버지도 마찬가지다.

뽀송뽀송했던 아들 녀석은 거친 입시의 파고를 헤쳐나가기 위해 악전고투를 하고 있다. 딸아이는 지레 겁을 먹고 단 한 가지도 약점을 보이지 않으려고 남모르게 노력하다 보니 스스로 마음이 많이 상해 있었다. 아내는 아내대로 처녀 때의 꿈이 자꾸만 빛이 바래고 이제는 먼지만 소복이 쌓여 있다. 인생의 즐거운 그림을 계속해서 그릴만한 마음의 여유와 평화가 사라진 것이다.

그래서 나는 가족들의 요구사항이나 불만사항을 모두 받아들이고 고분고분해졌다. 그러자 주변의 모든 것이 안정을 취하고 조용해졌다. 그날 이후로 아이들은 어머니에 대한 아버지의 모든 표현이 가식이라고 놀리지만 허허실실 전법을 개발한 것일까, 외유내강의 인생법칙을 깨달은 것일까, 철없는 아버지는 완벽해지려는 노력을 가정에서는 그만두기로 하였다.

예전에는 성공에 목마른 사람처럼 눈에 불을 켜고 돌아다니다 집에 돌아와서도 좀처럼 그 독기를 내려놓지 못하였다. 어딘가 허점만 발견되어도 눈알을 부라리며 밖에서 투쟁하듯 거친 이빨을 드러냈다. 이러면 집안은 갑자기 쥐죽은 듯 조용해진다. 무늬만 평화인 살얼음이 조용하게 깔린다. 그러나 그 평화에는 생기가 없다. 그것이 가정의 평화와 위엄이라고 믿었던 그 시절의 나는 청색시대의 아버지였다.

아버지라는 아주 두꺼운 갑옷이 너무 오랫동안 나의 어깨를 짓눌렀다. 새벽에 나갔다가 밤늦게 돌아오면서 가정의 대들보가 되어야 한다고 날마다 다짐했다. 그러나 날이 가면 갈수록 아버지의 자리는 자꾸만 좁아졌고, 급기야 아버지가 나타나면 비상경보 사이렌이 울린 것처럼 가족들이 각자의 방으로 숨어들었다. 아버지는 늘 반듯해야 한다는 강박관념에 정작 마음의 안식을 위해 무거운 짐을 내려놓아야 할 가정에서조차 철길처럼 평행선으로 달리고 있었다. 스페인에서 돌아온 뒤로 나는 철없는 아버지가 되기로 하였다. 완전무장한 아버지의 갑옷을 벗어던졌다. 그리고 가벼운 옷차림으로 마음의 갑옷까지 벗어던졌다.

집에서조차 날선 감정을 계속 세우고 있으면 불쌍해지는 것은 바로 나 자신이다. 그놈의 여유는 도대체 생각만으로는 쉽게 찾아오지 않는다. 조금씩 노력을 해야 한다. 누군가는 조용히 밑을 받쳐주는 바닥이 되고 마루가 되어야 한다. 집안의 기둥이라고 생각했던 나는 바닥에 누워 바닥이 되어보았다. 나 혼자 끙끙거리며 세상을 다 들고 버티는 시늉이나 해봤자 별 볼일 없다. 어차피 예전의 아버지처럼 무쇠같이 집안을 책임질 수도, 혼자서 세상의 바람을 다 막아 설 수도 없는 세상이 되었다.

내가 조금씩 노력하는 것이 가상했던지 아내가 한 가지 묘수를 냈다. 가족이 둘러앉아 게임을 하자는 것이다. 게임을 하다 보면 아버지의 감추어진 버릇과 약간의 부족함과 세련되지 못한 행동들이 거침없이 쏟아진다. 처음에는 게임을 하면서도 아버지의 권위를 잃지 않으려다가 더 어색해지기도 했다. 때로는 곡선이 되었다가 직선이 되었다가 갑자기 점선이 되고 포물선을 그리다 갑자기 사선을 그리기도 하는 감정의 흐름을 자연스럽게 노출하며 서로 적당히 헝클어지는 공감대를 마련하는 것이 권위의 껍질을 쓰고 있는 것보다 훨씬 더 행복하다.

아들 녀석의 승리를 막으려고 기를 쓰는 아버지는 권위는 없지만 친구처럼 인간적이다. 아버지가 게임에서 무참히 무너지는 순간 아들 녀석은 친구처럼 어깨를 감싸며 철없는 아버지를 위로

한다. 그러면 적당히 투덜거리기도 한다. 아이들은 아주 가끔 소심해지고 삐치고 투덜거리는 철없는 아버지를 친근하고 포근하게 느낀다. 아무리 아버지의 권위로 가리려 해도 가난한 아버지의 어깨를 자식들이 더 잘 알고 아내가 훤히 내려다본다. 아버지의 벽을 깨는 것이 가정에서 자유를 누리는 첫걸음이다.

어느 늦은 밤, 아내와 사별한 후배가 찾아왔다. 한잔 술이 거나하게 취하자 후배는 인생의 무게를 더듬기 시작했다. 자신만큼 철저하게 일하지 못하는 직원들을 닦달하기만 하다 어느 날 갑자기 이런 생각이 들었다고 한다. 오죽하면 이 못난 자신 밑에 와 있겠나. 그 순간 감정의 고삐가 풀렸다고 한다. 채찍으로 내려쳐봤자 내 손만 아프고 힘들다. 직원들이 떠나버리면 또 다른 직원을 구해 업무 인수인계 시킨다고 또 공백이 생긴다.

나이 오십을 넘겨서 겨우 배운 삶의 교훈이 하나 있다. 직원이나 가족이나 마음으로 움직여야지 권위나 직위로 움직여봤자 남는 것이 없다. 경력이 많다고 디자인을 잘하는 것은 아니다. 단지 더 경험이 많고 더 많은 시행착오를 거쳐보았기 때문에 어디가 문제인지 어느 부분이 고비인지를 잘 알 뿐이다. 오히려 새로운 디자인을 받아들이는 데 경험치가 더 장애가 될 수도 있다. 이때 소장은 솔직하게 디자인을 토론하는 기술이 있어야 한다. 항상 내가 옳고 너는 그르다는 말을 하는 순간, 직원들은 마음을 굳게 닫아건다. 가장 좋은 것은 나의 실수를 빠르게 인정하고 직원의 아이디어를 칭찬해주는 것이다. 직원이 마음으로 나를 존중하는 것이 디자인의 시작이다.

가정에서도 마찬가지다. 철없는 아버지가 속마음을 털어놓고 툴툴거리듯 적당히 마음을 흘리는 것이 가족의 활력이 된다. 아버지도 사람이고 남자이고 허점투성이라는 사실을 굳이 숨길 필요는 없다. 가정에서조차 소떼를 몰듯 항상 이끌고 갈 수는 없다. 때로는 투덜거리며 마음을 보여주기 시작하자 가족 간의 친밀감이 훨씬 더 커졌다.

제발 엄살 좀 떨고 살자

내가 제일 잘하는 일은 아마 엄살을 떠는 일인지 모른다. 그런데 이상한 것은 철없는 아버지가 엄살을 부리면 모든 가족들이 경사가 난 것처럼 나서서 나를 도와주며 적당히 즐기는 것처럼 보인다는 것이다. 몸이 아프거나 힘들 때 나는 적당히 엄살을 부려본다. 그러면 아들 녀석이 제일 불쌍하다는 듯이 관심을 보인다. 고작해야 자신이 좋아하는 음식을 나눠 먹고 적당히 어깨동무를 하는 정도지만 나를 친구처럼 위로한다. 나름대로 의리를 발휘하는 순간이다. 가끔은 아버지인 내가 이래도 되나 어색할 때도 물론 있다. 그래도 팽팽한 고무줄처럼 긴장을 유지하는 것보다는 인간적이다.

스페인 유학을 마치고 돌아온 후, 나는 조금 달라졌다. 아내가 식사 준비를 하고 미처 마무리하지 못한 설거지를 내가 알아서 해치우고는 아내에게 투정을 부린다. 보너스로 맛있는 후식이 나왔다. 아이들도 신기하다는 듯이 아버지 많이 변했다며 놀란다. 어쩌다 가족들이 농담을 던져도 직각으로 받지 않고 느긋하게 곡선으로 대충 받아넘긴다, 서로의 감정이 풀어지면서 작은 호수가 생겨나고 이야기의 물고기가 살아 움직였다.

"아이고 어깨야" 하고 투정을 부리면 딸아이가 철없는 아버지 엉덩이를 토닥이며 어깨를 주무른다고 부산을 떤다. 아내는 아예 마사지를 해준다고 수건을 전자레인지에 데워서 얼굴에 붙여준다. 아버지가 투정 한번 제대로 부리면 가정에 웃음과 행복이 넘친다.

딸아이는 아버지가 쭈그러들 때마다 안마나 마사지를 정성껏 해준다. 손맛은 그래도 딸아이가 제일 좋다. 어떻게 철없는 아버지의 뭉친 근육을 그렇게도 잘 찾아내는지 한 번 안마를 받으면 정신이 다 새로워진다. 하지만 세상에 공짜는 없는 법이다. 딸아이는 몸이 힘들어지면 철없는 아버지에게 이자를 받으러 나타난다. 그 순간 나도 정성을 다해 마사지를 해준다. 어쩌다 급한 마음에 건성으로 얼렁뚱땅 하기라도 하면 곧바로 딸아이의 문책이 돌아온다.

"아바이 동무! 똑바로 하시라요!"

돌아가신 아버님의 호기를 볼 수 있는 유일한 기회는 적당히 술에 취했을 때였다. 아버님은 술기운을 빌려 평소에는 하지도 않던 농담을 어머님에게 던지며 즐거워하셨다. 어머님의 가방을 들어주시던 신혼시절 추억까지 들추며 칭찬하기도 하셨다. 술을 핑계로 아버님의 엄살 부리기가 시작되었다. 내색은 하지 않으셨지만 어머님은 그 짧은 순간을 상당히 좋아하셨던 것 같다.

가정생활에서 엄살은 삶의 비타민이다. 적어도 엄살이란 나와 친분이 두터운 사람 앞에서 부리는 호사다. 비빌 언덕이 있을 때나 하는 행동이다. 엄살은 약간 장난기가 동반되는 것이다. 아내의 팔짱을 끼고 적당히 고집을 부려본다. 이때 아내의 동정을 살피다가 아니다 싶으면 빨리 포기하고 다른 말로 화제를 돌려야 한다. 타이밍이 중요하다.

딸아이는 철없는 아버지에게 가끔 애교를 떤다. 용돈을 받을 때다. 요즘은 경제권이 몽땅 아내에게 넘어가버려서 그런 횡재도 옛날이야기다. 아주 어린 시절에야 천 원 짜리 한 장으로 애교를 살 수 있었지만 대학입시를 앞에 둔 녀석들에게 그런 낭만은 없다. 그렇다고 내가 딸아이의 옷을 골라줄 만큼 센스가 있는 것도 아니다. 아이들이 애교를 떠는 대상은 언제나 경제권과 패션 센스를 가진 아내다. 적당히 세대를 오르내리며 이야기보따리를 풀 수 있는 아내가 애교의 몫을 다 차지한다. 무뚝뚝한 마당쇠가 이야기의 중심으로 다가갈 수 있는 방법은 살신성인의 충성심을 보이든지 재주를 부리는 수밖에 없다.

아들과 친해지려면 역사이야기를 하면 된다. 로마시대 카이사르의 무슨 강 이야기만 나와도 입을 다물지 않는다. 적당히 듣다가 다른 질문을 하기만 해도 아들은 기고만장해서 철없는 아버지를 친구처럼 생각한다. 어떤 사람과 친구가 되려면 상대가 가장 좋아하는 화제를 들고 모르는 척 엄살 부리듯 조언을 구하면 된다. 상대의 마음을 여는 가장 좋은 열쇠는 상대의 호기심을 자극하는 적당한 엄살이다. 단 한 가지, 타이밍만 신경 쓰면 이상무다.

아내에게도 마찬가지다. 전과자처럼 반복해서 엄살을 부려서는 안 된다. 아내의 분위기를 파악해가며 해야 한다. 마음이 울적할 때 나는 아내를 꼬시기 위해 적당히 엄살을 부린다. 연애시절 자주 들렀던 피자가게를 찾아가는 길은 아주 낭만적이다. 낭만의 드라이브에 동행하기 위해 나는 또 아내의 분위기를 살핀다. 대부분 특별한 일이 없으면 나의 엄살이 먹힌다. 그리고 일주일을 행복하게 보내는 밑거름이 된다. 사랑은 작은 엄살에서 출발하는 것 아닐까 싶기도 하다.

놀아본 놈이 더 잘 논다

스페인 사람들의 여유로운 삶을 들여다보면서 느낀 점이 하나 있다. 그들에게 "삶의 목표가 무엇이냐?"라는 질문을 던졌다. 순간 분위기가 썡해지더니 모두들 이상하게 나를 쳐다보았다. 그리고 안타까운 듯 뜸을 들이고 나서 '행복'이라 말했다. 그들은 우리보다 행복하려고 더 많은 노력하고 있었다. 남들과 비교하며 자신의 약점을 후벼 파기보다 자신의 장점을 바라보며 오늘 하루에 의미를 두었다.

나와 같은 층에 살던 아브람은 화가였다. 프랑스인 교사와 동거를 하고 있었는데 매일 오전이면 자리를 비웠다. 빌딩청소부

일당으로 번 돈으로 자신이 좋아하는 그림을 그렸다. 빌딩청소부인 가난한 화가와 여선생은 우리가 보기에 잘 어울리는 한 쌍은 아니다. 무엇이 이들을 이렇게 당당하게 만들어주었을까? 현재 자신의 모습을 인정하고 인생을 즐기려 하는 태도다. 타인의 가치에 자신의 삶이 구속당하는 것을 이들은 본능적으로 싫어했다.

이들은 우리보다 더 철저한 개인주의다. 행복은 자신을 사랑하지 않으면 느끼기 힘든 감정이다. 대한민국 50대 남자가 느끼는 행복한 순간은 항상 과거에 머물러 있다. 항상 불확실한 미래를 위해 현재를 대출하는 것처럼 쫓기며 산다. 스페인 친구들이 가장 잘하는 일은 우리보다 더 잘 노는 것이다.

스페인에서 만난 파블로는 언제나 노는 것처럼 공부하였다. 중학생이지만 애인을 집까지 달고 다녔다. 나의 스페인어 선생님이었던 파블로는 항상 집에서보다 길거리에서 만나는 날이 많을 정도로 친구들과 쏘다니는 10대였다. 그들도 학년이 올라갈수록 더 열심히 공부한다. 우리와 다른 점은 자신이 좋아하는 분야를 선택하는 것이 중 고등학교 시절의 가장 중요한 목표라는 것이다.

그들은 일년 내내 노는 것처럼 살아간다. 일 년 사시사철 도시 중심가인 마요르 광장에서 축제가 벌어진다. 서울광장의 시위처럼 목숨 걸고 축제를 즐긴다. 스페인성당은 결혼식이나 미사를 제외하고는 정막이 감도는 장소지만 성당 마당은 언제나 젊은이들 차지다. 우리처럼 신앙을 엄숙하게 짊어지고 살아가지는 않는다. 우리는 휴가철이 되면 어느 날 독립선언 하듯 아버지가 휴가 날짜를 선포한다. 회사의 일정에 따라 수없이 바뀌기도 한다. 가족의 화합과 사랑을 확인하는 휴가라기보다 의식처럼 행하는 의무가 되었다. 그들은 축제를 준비하듯 휴가를 즐긴다.

우리는 남과 다르게 살아가는 것을 정말 힘들어한다. 옆집이 어떻게 사는가에 너무 관심이 많다. 그 관심이 지나쳐 상대방의 사생활을 침해하기도 한다. 음주문화를 들여다보면 우리 사회의 놀이문화가 한눈에 보인다. 나 같은 50대 남자들이 참 불쌍하고 측은할 때가 많다. 서로가 형식과 체면의 가면을 쓰고 만났다가 헤어진다. 비즈니스로 만나서 협상이라도 하려면 맨 정신으로 이야기할 수 없다. 평소에는 자신의 속마음을 털어놓지 못한다. 고슴도치처럼 두툼한 갑옷 속에 몸을 숨기고 상대방을 관찰하기 때문이다. 얼근하게 취해서 적당히 망가지는 모습을 보고서야 속마음을 털어놓는다.

이러다 보니 남자들은 낮과 밤을 오가며 이중생활을 해야만 사회생활을 제대로 할 수 있다. 흐트러지고 망가지는 상대방의 모습을 즐기는 이상한 음주문화가 자리 잡았다. 폭탄주를 돌리고 빨리 취하고 망가지는 게임을 즐긴다. 환락적인 밤의 회식문화만이 두꺼운 가면을 벗어던질 수 있는 유일한 기회라고 믿는다. 하지만 가면 속에 마음을 숨긴 상태로는 진정한 소통은 이루어지지 않는다.

자연히 남자들에게 가족과 대화할 수 있는 시간은 없다. 젊은 후배들은 조금씩 변해가고 있지만 조직문화는 좀처럼 쉽게 변할 것 같지 않다. 삶의 재미를 잃어버리고 싶지 않지만 조직문화가 아직은 만만하지 않다. 자신의 인생을 즐기는 것, 가족을 사랑하는 것, 직장에서 성공하는 것의 공통분모를 찾는 것은 너무 어렵다.

스페인에서 내가 제일 먼저 배운 것은 노는 기술과 방법이었다. 사실은 내가 제일 못하는 것이 노는 것이다. 바람도 피워본 놈이 잘 피고 도둑질도 해본 놈이 잘하듯이 노는 것도 놀아본 사람이 더 잘 논다. 아들에게 미안한 말이지만 추억과 낭만이 없는 사람이 제일 가난한 사람이다.

한 달에 한 번씩 어김없이 펼쳐지는 스페인의 파티 문화가 마흔 중반의 나에게는 낯설게 다가왔다. 대학원 친구들의 아파트에서 돌아가면서 술과 음식을 먹으며 밤새 춤을 추고 즐긴다. 지치면 와인을 마시고 대화하다 일어서 또 춤을 춘다. 논다고 하면 쓸모없는 일을 하는 것 같지만 오히려 생산적인 활동이다. 놀 때는 반드시 자기 자신을 위해 놀아야 한다.

대한민국은 모든 분야에서 일등만 대접받는다. 술집에서도 특정인만 대접받는다. 수평적인 관계가 아니니까 망가져야 한다. 접대를 하면서 정말 가슴이 뻥 뚫리도록 즐겁다고 말하는 사람은 없다. 하지만 파티에 참석하는 모든 사람은 주인공이다. 자신만의 고유한 리듬을 찾는 시간이다. 강의시간에는 청바지에 가벼운 티셔츠 차림으로 다니는 여학생들도 파티장에선 가슴이 드러나는 화려한 드레스로 각선미를 뽐내며 나타난다. 화장까지 예쁘게 하는 것은 기본이다. 그들에게 파티는 행복한 현재를 즐기는 시간이자 살아있음을 확인하는 순간이다. 그들은 파티장에서 결코 망가지는 법이 없다.

우리에게 가장 부족한 것이 파티문화다. 특히 50대 남자들에게 축제는 없다. 어쩌다 동창회라고 찾아가면 술판으로 시작해서 이성을 잃고서야 끝이 난다. 놀이와 축제를 통해 찌든 육체와 정신에 새바람을 불어넣어주는 문화가 우리에겐 없다. 어른에서 아이까지 자신이 좋아하는 놀이에 몰입할 때 누구나 즐거움에 빠져든다. 꼭두새벽에 골프장으로 줄행랑치는 것도 이런 즐거움을 찾고 싶기 때문일 것이다. 요즘 젊은 여자들이 가장 선호하는 데이트 상대는 재미있는 남자라고 한다. 이 얼마나 다행스러운 일인가! 재미가 마침내 우리 삶에 들어왔다.

아들이 세상에서 가장 행복한 표정을 지을 때는 자신이 주인공이 되었을 때다. 초등학교 시절 우리 부자는 주말마다 PC방에 들러서 함께 스타크래프트 게임을 하였다. 게임에는 꽝인 나로서는 오로지 양쪽 컴퓨터를 오가며 환호성을 지르는 녀석을 위해 게임방에 갔다. 일주일간 공부로 찌든 스트레스를 나에게 푸는 것으로 녀석은 만족하였다. 그때는 마치 십년지기 친구처럼 어깨동무를 하고 집으로 돌아온다. 놀이와 축제의 의미는 별것 아니다. 마치 여행을 떠나는 것처럼 일상에서의 짧은 탈출이다. 관점을 바꾸어 보는 것, 나 자신의 자유를 찾아 떠나는 즐거운 여행이다.

자식과 대화하는 기술

녀석의 고1 생활은 찻잔 속의 태풍처럼 고요하게 흘러갔다. 어딘가 불안하지만 대놓고 이야기할 수도 없는 처지였다. 학교 성적은 최상위였지만 인문고에 비해 너무 헐렁하게 느껴졌다. 1년 정도 미국유학을 갔다 온 학생들이 한국에 돌아와서 적응을 못한다는 이야기가 남의 말처럼 들리지 않았다. 갑자기 찾아온 여유가 폭풍전야처럼 어쩐지 불안하였다.

영어를 제외하고는 별 문제가 없었다. 인문고에 다녔더라면 전 과목 내신에 매달려 끝없는 숙제보따리를 끌어안고 난리법석을 쳤을 테지만 녀석의 학교생활은 전체적으로 푸근한 전원생활처럼 느껴졌다. 전문계고의 특성인지 학생들의 태도를 교정하는 학교 분위기만 느낄 수 있을 뿐 수업의 강도는 세지 않았다. 학교와 학생들이 휴전협정을 맺은 것처럼 평화로웠다. 자신 있게 학교수업을 따라가는 녀석에게 칭찬을 해주어야 마땅하지만 뭔가 모를 2퍼센트의 부족함으로 허전하였다. 학원을 다니지 않는 것도 아닌데 설익은 과일을 딴 기분처럼 왠지 불안하였다.

중2인 동생은 매일 준비하고 챙겨야 할 것이 얼마나 많은지 아침마다 아내와 전쟁을 치렀다. 내신을 챙긴다고 딸아이를 다잡는 아내의 모습에서 누가 고등학생이고 누가 중학생인지 모를 정도였다. 아들 녀석은 공립학교에 다녀서 그나마 학부모 닦달은 적었는데 사립학교에 다니는 딸아이 시집살이는 보통이 아니었다.

고1 여름방학을 보내고 나서 아들은 특공훈련을 6개월 받은 병사처럼 자신감으로 똘똘 뭉쳐 있는 상태였다. 청문회 수준으로 퍼붓는 딸과 나의 날카로운 공격을 받을 때를 제외하고는 녀석은 최소한 행복하였다. 노는 것처럼 공부하는 아들의 어깨는 자신감으로 가득 차 있었다. 내리막길을 달리는 자전거처럼 중력만으로 저절로 굴러갔다. 열심히 공부하는데도 성적이 나오지 않는 것처럼 김빠지는 일은 없다. 전 과목 100점을 받으려고 안달하며 전교등수에 울고 웃는 딸의 모습과 포기할 것은 적당히 포기하고 공부하는 아들의 여유로움이 극적으로 대비되었다.

아들의 전교등수는 항상 상위권을 유지했지만 가족들은 쉽게 인정하지 않았다. 전문계고라는 특수성 때문이다. 그런 현실을 안타깝게 지켜봐야 하는 나는 불안함을 눈썹에 달고 살았다. 틈만 보이면 딸아이와 나는 나비처럼 날아서 벌보다 더 아프게 녀석의 자존심을 쏘았다. 한마디로 하면 이렇다. 소인국에서 대장해봤자 별 볼일 있겠냐는 것이다. 잘난 놈 시샘하는 꼴이다. 놀아가면서 공부하는 오빠의 전교등수가 자기보다 앞설 때 느끼는 딸의 심정을 이해한다.

허술하게 공부하는 아들의 성적이 인플레이션 된 것 같아서 항상 불안해하는 마음이 습관처럼 굳어졌다. 사업이 잘 돼도 불안하고 안 돼도 불안한 현대인의 조급증인지 시도 때도 없이 마음에도 없는 말을 하는 나에게 아내의 불호령이 떨어졌다.

"당신 지금 뭐하시는 거예요! 용기를 줘도 시원찮을 판에."

아내의 앙칼진 목소리가 천둥처럼 울리고 나서야 집안에 평화가 찾아왔다. 언제나 후회하는 쪽은 내 쪽이다. 언제 따뜻하게 아들의 아픈 마음을 진정으로 어루만져준 적이 있었던가. 생일날 죽을 날을 미리 걱정하는 것과 뭐가 다른가.

한국 남자들의 가장 큰 불행은 언제나 무거운 짐을 지고 걸어가는 일을 당연하게 생각하는 것이다. 삶의 여정에 희로애락이 사라져버렸다. 말 그대로 월화수목금금금이다. 먹고 살기 위해 일하는 삶밖에 없다. 내 삶을 살찌워줄 안식을 찾아가는 노력을 포기하였다. 즐기고, 축하해주고, 웃고, 춤추며 마음의 창을 열고 세상의 아름다움을 받아들이는 일상의 감각들이 퇴화해버렸다. 전철 안에서, 직장에서 웃는 얼굴을 만나기 힘들다. 모두다 인상을 쓰면서 삶의 무게를 견디는 연습에 몰두하고 있다. 왜 나에게 노는 것은 가르쳐주지 않았느냐는 박세리의 말이 떠오른다.

아버지의 삶이 강박관념에 갇혀 있으니까 자식들과도 여유 있는 대화를 하기 힘들다. 출근하자마자 사무실 분위기부터 살피는 버릇이 가정까지 삼켜버렸다. 아버지들은 가정에서 경기에 끼어들 틈이 없다. 잠자코 기다리다 이겼는지 졌는지 스코어만 알면 그만이다. 이러니 왕따를 당할 수밖에. 시시콜콜한 이야기의 흐름을 놓친 사람은 어쩌다 이야기를 들어도 재미가 없다. 주말 새벽잠을 가르며 골프장으로 달려가는 열정의 3분의 1이라도 가정에 두었더라면 이런 일은 일어나지 않으련만. 어쩌다 아들딸을 앞에 두고 대화를 한답시고 하는 말은 고작 이거다.

"요즘 공부 힘들지."

묵묵부답으로 아버지를 훔쳐보는 아들딸을 바라보면서 번지수가 틀렸다는 낌새를 느낀다. 말을 하는 것이 중요한 것이 아니라 듣는 것이 대화의 시작이다. 듣는 것보다 더 좋은 대화는 취미생활을 같이 하며 함께 노는 것이다. 멀리 보이는 풍경이 아무리 아름다워도 내 집안 작은 동산보다 못하다. 동산이 아무리 아름다워도 방안의 작은 화분보다 못하다. 방안의 화분이 아무리 아름다워도 가슴에 간직한 마음의 꽃보다 못한 법이다.

아들의 대입시험이 집안에서 가장 중요한 일임에는 틀림없다. 대한민국 가정에서 대학입시가 초월적 지위를 가진 지는 아주 오래되었다. 이럴 때일수록 오히려 밝게 웃으며 사랑과 희망을 떠올려야 한다. 아들의 성화에 못 이겨 새벽잠을 설치며 일어나 함께 밥 먹는 리얼리티는 얼마든지 환영이다. 중요한 시험을 앞에 두고 긴장하는 것은 살아 있다는 증거다. 그렇다고 일년 내내 온 집안 식구들이 근엄한 얼굴로 조심이라는 표어를 달고 살 수는 없다. 즐기며 하는 일보다 더 잘 할 수 있는 일은 없다.

나는 아들의 자신감에 그늘을 만드는 짓을 그만하기로 다짐하였다. 아들보다 내 자신의 행복을 위해서 말이다. 지친 일상에서 가족들과 대화하는 것도 연습이 필요하다는 생각을 하기 시작했다. 기술을 연마하여 멋진 아버지가 되고 싶었다. 녀석들을 볼 때마다 심호흡을 길게 세 번하고 나서 말하려고 무진 노력 중이다. 그래서 택한 방법이 아내의 특별지원요청이 있을 때를 제외하고는 아이들에게 절대 큰소리를 내지 않는다는 것이다.

하루는 별 뜻 없이 지나가는 아들에게 말을 걸었다.

"우리 아들 화이팅!"

"나 요즘 힘들어."

동의의 추임새를 넣었다.

"응, 그럴 거야."

"아빠 이거 먹을래?"

들고 있던 과일을 건네는 아들의 배려가 은근히 고맙다.

"아니, 됐어."

그냥 씩 웃으며 녀석의 등을 쓰다듬었다.

"아빠, 징그러워!"

"우리 아들 수염 많이 자랐네, 하하."

"아빠, 나 들어간다."

무심해보이지만 애정만점이다.

네가 어떤 삶을 살든 나는 너를 응원할 수 있을까

나는 낡은 틀을 깨는 사람들의 대열에 내 아들이 동참하기를 바라는 철없는 아버지다. 산업시대를 이끌었던 근면 성실 노력이라는 정신에 새로운 시대의 가치를 융합할 수 있는 모험가가 되기를 기대한다. 그렇다고 공부 잘하는 젊은이들이 창의적이지 않다는 속 좁은 생각은 아니다. 새로운 시대의 가치는 지금까지와는 전혀 다른 관점으로 들여다보는 것이다. 새로운 물꼬를 터주는 그 모험의 길을 내 아들이 걸어가기를 바란다. 무한한 가능성을 향하여 성장하는 사람이 되기를 기원한다.

그 도전정신의 발목을 잡는 사람이 내가 되지 않으려고 무진 노력하고 있다. 대입수험생의 부모로서, 특히 아버지로서 녀석의 미래를 두렵게 바라보고 있기 때문이다. 대학이 인생의 전부가 아니라고 뻔뻔하게 이야기할 배짱은 없다. 다만, 숨 가쁘게 몰아치는 입시의 대열에서 내 아들만 살아남기를 바라기보다 아들이 자신의 한계를 극복하는 성장의 시간이 되었으면 한다.

세잔은 남들이 사물의 상투적인 모습을 한결같이 따라 그릴 때 자신만의 느낌을 존중하며 그림을 그렸다. 남들이 탐스러운 사과를 있는 모습 그대로 그릴 때 세잔은 기분 내키는 대로 삐뚤빼뚤하게 그렸다. 마음 내키는 대로 생략하고 삭제하면서 자신의 감정에 충실한 그림을 그렸다. 창문은 하나도 그리지 않고 직사각형 하나 그려놓고 집이라고 우겼다. 거친 삼각형 하나 달랑 그려놓고 산이라고 우겼다.

스페인에서 돌아온 이후로 나는 대학에서 틈틈이 강의를 하며 젊은 학생들을 지도하였다. 안타깝게도 내가 만난 대학생들 대부분은 독후감을 쓰라고 하면 언제나 판에 박힌 글을 적어낸다. 한 번은 옆에서 지켜보던 노교수님이 나를 위로하였다.

"초중고 교육과정에서 한 번도 배운 적이 없는 것을 한 학기 만에 깨우칠 수 있겠어요."

디자인 수업인데 학생들은 디자인 방법을 가르쳐달라고 조른다. 세계적인 디자이너들은 디자인은 원래 가르쳐주는 것이 아니라고 이구동성으로 말한다. 나의 스승도 일찍이 미국에서 유학하고 건축가로 실무를 하시다 귀국하신 분인데도 첫 수업에서 디자인은 가르쳐주지 않는다고 하셨다. 지금까지 7년이 넘는 세월 동안 학생들을 가르쳐본 내 경험 때문인지 아들은 스스로 자신의 길을 열어가도록 옆에서 기다려주고 싶은 심정이다.

모든 사람이 예술가처럼 살아야하느냐? 가슴으로는 언제나 예스다. 예술가를 닮기 위해서가 아니라, 이 세상에 단 하나밖에 없는 소중한 생명이 원하는 삶은 예술가 같은 삶이다. 모든 사람이 예술가처럼 살 수는 없지만 자신이 가고 싶은 길을 찾아내고 그 길을 독창적으로 걸어가는 예술가는 될 수 있다. 돌부리에 치어 상처가 날 때마다 가지 않은 길에 대한 미련이 발목을 잡고 늘어지겠지만 유혹을 뿌리치고 다시 일어서는 순간 삶은 더 단단해질 것이다. 오십이 넘어 인생의 허리를 내려다보니 유혹이 많을수록, 힘이 많이 들수록 더 보람찬 인생이었다.

눈썹에 달린 졸음을 물리치고, 돌아앉고 싶은 유혹을 뿌리치며 지친 영혼의 한계선을 가까스로 부여잡고 있는 아들에게 해줄 수 있는 것은 사실 그리 많지 않다. 섣부른 추궁보다 작은 성과에 감탄하며 자신감의 징검다리를 놓아가는 아들을 조용히 응원하는 수밖에 다른 방법을 알지 못한다.

가끔 이런 생각을 해본다. 네가 어떤 삶을 살든 나는 너를 응원

할 수 있을까. 아직은 상상이 안 되지만 그래도 그렇게 할 것이다. 그리하여 시간이 지나고 또 지나도 있는 모습 그대로의 너를 지지할 것이다. 돌아가신 아버님이 물려준 위대한 유산은 바로 이것이다. 아들을 조정하고픈 얄팍한 농간에 마음이 어지러워질 때마다 나는 아버님의 가슴으로 들어갔다. "공부 열심히 해"라는 말보다 "아들 많이 힘들지" 하고 아들을 끌어안고 싶다. 아들! 나는 네가 인생이란 배낭의 무게를 조금 더 줄이고 너만의 길을 걸어갔으면 한다. 돌아가신 아버님이 그랬듯이 나 또한 영혼이 되어서라도 너를 응원할 것이다.

아버지의 최대 장점은 세월이 가르쳐준 뻔뻔함이다

눈은 마음의 창이며 얼굴은 그 사람이 살아온 삶의 지도이자 거울이다. 50년 넘게 살아오면서 깨달은 것이 있다면, 얼굴의 표정만으로도 그 사람이 어떻게 살아왔는지 알 수 있다는 것이다. 낙장불입이다. 지우고 다시 칠할 수 없다. 성형수술로 얼굴의 주름은 없앨 수 있어도 영혼의 창은 가릴 수 없다. 단 몇 마디로 나의 속마음을 알아차리는 아들에게 어색한 포커페이스 따위는 무용지물이다. 수없이 추락하면서 삶의 폭을 키워가던 나조차도 차도르로 청바지를 숨기고 있는 이슬람 여인처럼 현실을 왜곡하며 아들 앞에 설 때가 많았다.

누구나 인생의 벽을 만난다는 사실을 그때는 믿지 않았다. 아무리 똑똑하고 멋있는 사람도 삶의 회의를 느끼는 시간이 있고, 위기 앞에 무너질 수 있고, 세상이 시시해서 옆길로 빠져들기도 한다. 인간의 삶은 결코 직선으로 이루어지지 않는다는 것을 깨달았다. 인간의 삶은 결코 미니멀니즘(건축에서 장식을 최소화하고 단순하게 처리한 공간)처럼 단순하고 깨끗하고 투명하지 않다는 것을 가슴으로 느꼈다.

꿈의 신기루를 쫓다가 멈춰선 지점에서 만난 불안은 거대한 성처럼 나를 막아섰다. 호기심으로 내부로 선뜻 들어갈 수도, 그렇다고 당당하게 떠날 수도 없는 어정쩡한 모습이 아들 앞의 나인지 모른다. 두려움은 외면할수록 더 무섭게 위협하는 괴물이다. 정면으로 바라보고 맞장을 떠야 끝이 난다. 스페인 유학을 떠나기 전 아내는 푸념을 했었다.

"그 나이에 공부하고 돌아온다고 뭐가 달라지겠어."

하지만 아내가 정말 그렇게 생각하지 않는다는 것은 알고 있다. 아주 천천히 늙어가는 남편을 좋아한다. 아들과 딸이 무섭게 성장하는 세월의 경사를 느긋하게 즐기며 오르는 남편이 얄밉지 않을 것이다. 마음은 자꾸 급해져도 시간의 거친 공격에 단련된 내공을 믿고 싶다. 그래도 진실만은 똑똑히 볼 수 있는 힘을 세월이 가르쳐주었다. 조금 느리게 가는 한이 있더라도 내가 좋아하는 일을 포기하지 않고 끝까지 마무리하는 아버지의 모습을 보여주고 싶다. 자식은 아버지의 뒷모습을 보면서 자란다.

중년의 나이를 무겁게 누르던 짐들을 조금 내려놓았다. 골프도 포기하고, 술자리도 줄이고 산책과 운동으로 육신과 영혼에 자유를 주었다. 핵심역량을 키워나간다는 믿음으로 디자인에만 몰두했다. 즐겁게 일하는 디자이너의 길이 나는 좋다. 그렇게 찾아낸 작은 여유시간에 책을 읽고 글을 쓰고, 건축가협회 건축문화투어를 진행하며 사람들과 소통하는 재미에 빠져들었다.

남을 위한 운동이 아니라 자유로운 나의 몸과 영혼을 위한 운동은 가볍게 달리며 산책하는 것으로 충분하였다. 멀리 보이는 기암절벽을 오르는 것도 좋지만 내 집 안마당의 나무를 감상하는 것이 더 값진 삶이라는 것을 깨달았다. 너무 큰 목표를 잡아놓고 안달하기보다 작은 목표를 실천하며 의지를 키워나가는 일에 매달렸다. 즐기며 생활하는 것이 그리 호락호락한 것은 아니지만 작은 즐거움을 디딤돌 삼아 운동을 계속하였다.

책을 읽고 글을 쓸 수 있는 것 자체가 바로 행복이었다. 행간의 글귀가 가슴을 파고들어 감동에 휩싸이기도 하고, 누에고치가 실을 뽑아내듯 원고지 쌓이는 소리가 아내의 웃음소리처럼 상쾌했다. 이상과 현실에는 항상 눈에 보이지 않는 거리가 존재하지만 그것은 문제가 되지 않았다. 혼이 나간 듯 TV나 바라보고 있는 오십 줄의 아버지보다 매번 베스트셀러가 될 거라고 허풍을 치며 책을 읽고 글을 쓰는 아버지의 모습을 더 좋아하리라 믿는다. 오늘도 나는 쓰고 읽는 일을 하는 행복한 바보다.

아들 앞에서 TV를 보지 않겠다는 작은 선언은 이제 하지 않는다. 지난해 큰소리친 명작은 아직 쓰지 못하였지만 아직도 미래의 희망을 준비하고 있는 나를 미워하지 않는다. 너무 쉽게 이유를 찾아내고 너무 쉽게 약속을 잊어버리던 나는 이제 아들에게 당당한 아버지가 되었다. 3년여의 유학생활에 대한 아내의 뒷바라지에 이제 더 이상 미안해하지 않는다. 아직도 아내 앞에 종이호랑이 신세지만 적어도 꿈꾸는 호랑이로 다시 태어났다. 아버지의 최대 장점은 세월이 가르쳐준 뻔뻔함이다.

멋있는 조감도를 보면서 그림 같은 멋진 삶을 꿈꾸지 않는 사람은 없을 것이다. 그 멋진 집을 짓는 과정의 어려움은 잠시 접어두기로 하였다. 묵언 같은 말만 하는 아버지보다 행동하는 양심으로 1분이라도 실천하는 아버지가 되기 위해 오늘도 뻔뻔하게 살아가고 있다.

3,000Piece의 희망

몇 달 전부터 끌어오던 3,000Piece 퍼즐을 마침내 완성하였다. 4개월째 좁은 거실바닥 귀퉁이를 차지하고 먼지를 뒤집어쓰면서 우리 가족의 가난한 인내심을 지켜보았던 퍼즐이 드디어 제 모습을 찾았다. 마음의 짐을 하나 들어낸 것처럼 시원하고 편안했다. 네 명의 가족이 조금씩 자신의 형편에 맞게 힘을 모았다. 딸은 예리한 머리와 감각을, 아들은 순간적인 집중력과 약간의 위트를 제공했다. 아내는 꺼져가는 가족들의 마음에 군불을 지피는 후원자였으며 나는 끝없이 밀어붙이는 용맹투사처럼 행군을 지휘하였다. 우리 집 최고의 구원투수는 누가 뭐래도 천부적인 감각을 가진 딸아이다.

퍼즐조각은 숲속 옹달샘처럼 지나가는 모든 사람들이 갈증을 해소하는 오아시스였다. 거실을 지나가다 퍼즐조각 하나를 들고 잠시 앉아서 고민하다 일어서기를 얼마나 많이 반복하였는지 모른다. 한두 시간 동안 겨우 조각 한두 개를 맞추는 것이 고작이었다. 마치 공사가 중지된 썰렁한 건설 현장처럼 방치되다시피 거실 옆에서 먼지를 뒤집어쓰고는 이리 치이고 저리 치이며 찬밥 신세를 면치 못했던 3,000Piece 퍼즐….

퍼즐을 맞출 때도 가족의 성격이 적나라하게 드러난다. 지략가인 딸의 파괴력은 타의 추종을 불허한다. 아들놈은 신나면 시작했다 일이 꼬이면 금방 자리에서 일어난다. 수없이 짝을 찾고 뒤지기를 반복하다 제풀에 못 이겨 퍼즐조각을 던지다시피 하고서 일어나버린다. 아내는 예술가다. 어쩌다 마음 내키는 대로 앉아서, 잘하지도 못하지만 분위기를 유도하는 경기장의 마스코트다. 철없는 아버지는 탱크다. 불도저처럼 끝까지 밀어붙인다. 아들과 딸을 위해 악착같이 앉아서 용을 쓴다. 그러다 보면 어느 순간 신들린 사람처럼 연달아 조각을 맞추는 쾌감을 맛본다. 오랜 기다림 끝의 단비처럼 너무 고맙고 신기하고 즐거운 순간이다.

이 세상에는 딸아이처럼 (약간) 똑똑한 사람들이 널려 있다. 내 주변에도 좋은 학벌과 스펙을 가진 친구들이 천지다. 어떤 분야에서 살아가든 적어도 먹이사슬의 정점에 오르려면 대단한 학벌과 인맥, 실력과 재능이 있어야 한다. 이들과 경쟁하려 들면 힘들어진다. 토끼와 거북이의 경주나 마찬가지다. 한 가지 방법이 있을 뿐이다. 감각적으로 선택을 하든 요모조모 따져보고 선택을 하든 일단 선택을 하고나선 꿋꿋이 세월을 견디는 것이 최선이다.

그러다 보면 어느 날 예고도 없이 처음에는 보이지 않았던, 도무지 이해할 수 없던 어떤 한계의 문이 살짝 열리는 기회를 만난다. 나는 그 비밀의 문을 일찍 열게 되는 행운을 가지고 태어나진 않았다. 하지만 사랑하는 아내의 가슴을 여는 순간 나는 아들과 딸의 심장을 얻었다. 아이들과 함께 기다림과 인내를 지고 걸어가다 보니 그 문을 통과하였다. 철없는 아버지의 최대 무기는 가족에게 활력을 불어넣는 능력이다. 비록 비틀거릴지라도 최선을 다해 가족을 사랑하며 앞으로 앞으로 걸어가면 가족들도 힘을 보탠다. 아버지는 무쇠팔이 아니다. 아버지의 어깨는 기중기가 아니다.

돌아가신 부모님은 직위와 권력과 많은 돈을 가지신 분들은 아니었지만 평생 따뜻한 마음으로 가족을 돌보며 살았다. 한때는 가난한 농부인 부모님이 싫은 적도 있었다. 철없는 막내아들의 욕망을 채워 주지 못하는 부모님을 미워한 적도 있었다. 그러나 지금 나는 그런 부모님을 사랑하고 존경하고 그리워한다.

아마 나도 아들과 딸의 눈에 부족하고 모자라는 철없는 아버지로 낙인찍히는 시간이 있을 것이다. 너무나 당연하다. 나도 그랬으니까. 급하다고 모래로 집을 지을 수는 없는 노릇이다. 그래서 철없는 아버지가 견딜 수 있는 만큼의 아름다운 집을 짓고 열심히 살아갈 뿐이다. 이제 욕심을 다스리는 법과 가족의 마음을 얻는 아버지의 길을 찾았다. 남들에게 내세울 만큼 대단한 능력도 없고, 그렇다고 재력도 갖추지 못하였지만 변화가 물밀듯이 몰아치는 세월을 견디며 당당하게 살아가는 법을 조금 깨우쳤다.

3,000Piece 퍼즐을 사다놓고 감당을 못 해서 거실바닥에 널부러지게 늘어놓아도 마음 한편에선 매일 조금씩 퍼즐을 맞추었다. 내가 힘이 모자라도 가족이 이심전심으로 마음과 노력과 정성을 보태다 보니 생각만큼 빨리는 아니었지만 결국은 다 맞추었다.

승리의 축가는 가족 모두의 것이다. 적어도 철없는 아버지는 공치사를 할 필요가 없다. 끝까지 마무리 지으려는 마음을 단 한 순간도 내려놓지 않았다는 것을 우리 가족은 다 알고 있다. 예리한 관찰력으로 탁월한 능력을 발휘하는 딸아이와, 바람처럼 날아서 기분이 날 때마다 퍼즐을 맞추다 사라지는 아들과, 항상 푸근한 가슴으로 가족의 울타리가 되어주는 편안한 아내를 하나로 모으는 중심에 철없는 아버지가 있으면 그만이다.

적어도 가정만은 사랑의 옹달샘이 되어야 한다고 생각한다. 내가 어려워보니 알겠다. 철없는 아버지로 힘이 쭈그러드니 알겠다. 철없는 아버지, 길바닥에 넘어져보니 새로운 세상을 보게 되었다. 잘 나가는 사람을 부러워할지라도 미워할 필요는 없다. 그렇다고 무한정 부러워하며 나를 초라하게 만들 필요도 없다.

비록 3,000분의 1인 작은 퍼즐조각 같은 철없는 아버지의 삶이라도 그 퍼즐은 가치가 있다. 앞으로 남은 세월을 나의 목표를 향하여 얼마나 당당하게 걸어가느냐가 문제다. 남들이 가지 않는 길을 낭만을 간직한 채 걸어갈 수 있느냐가 남아 있다. 가장 나다운 삶을 살아갈 수 있는 원동력은 서로를 존중하는 가정의 울타리에서 만들어진다.

철없는 아버지 행복합니다

악의 없이 나를 놀려대던 스페인 친구들의 장난스러운 말투가 기억난다.

"빠꼬(나의 스페인 이름 프란치스꼬를 줄여 부르는 말)! 어떻게 너희 나라 사람들은 개고기를 먹을 수 있니?"

그때 내가 들고 나온 반박 사례는 투우였다. "니네들은 뭐 좋다고 황소 한 마리 운동장에 풀어놓고 수십 명이 차례로 황소를 학대하며 죽이는 거냐?"며 되받았다. 스페인에선 TV를 켜면 축구 아니면 투우가 방송될 정도로 인기 있는 스포츠가 투우다.

식용개고기는 한여름 농사일로 진이 빠진 농민들이 오랜만에 단백질을 보충하던 한국인의 전통적인 음식문화다. 채식을 주로 하는 농민들이 동물성 단백질을 보충하는 한여름 보양식으로 그만이다. 음식은 그 나라의 문화와 생활습관이 만들어낸 고유한 과학이다.

투우는 스페인 사람들이 즐기는 그들만의 문화다. 투우는 농경사회의 풍요를 기원하는 제례의식으로 소를 신에게 바치는 문화에서 발전하여 오늘날엔 하나의 스포츠가 되었다. 투우에 나오는 황소는 젖소처럼 키우지 않는다. 평생을 자유롭게 초원을 누비며 원초적인 본능으로 살아간다. 그리고 축제의 마당에서 육체는 죽어갈지라도 당당하게 자신의 영혼을 인간들에게 선물하고 사라진다. 20여 분의 숨 막히는 사투를 마감하는 순간, 황소는 투우사의 칼날을 조용히 하나님의 은총인 양 기다린다.

이 때 투우사와 황소는 모래바닥을 스치는 빛과 그림자로 변한다. 나는 이 시간을 미사라고 부른다. 신부님의 손에 들린 포도주와 밀떡이 미사를 통해 예수님의 몸과 피로 변하듯 투우사의 칼날은 차라리 신의 은총이다. 황소의 고통을 빛처럼 끊어버리는 투우사의 칼날은 예술이다.

투우사가 조금이라도 공명심으로 자신을 뽐내려는 마음을 먹는 순간 그 칼날은 심장을 빗나가고 만다. 그러면 관중들은 야유를 보낸다. 칼끝은 정확하게 투우사의 심장으로 향해야 한다. 정

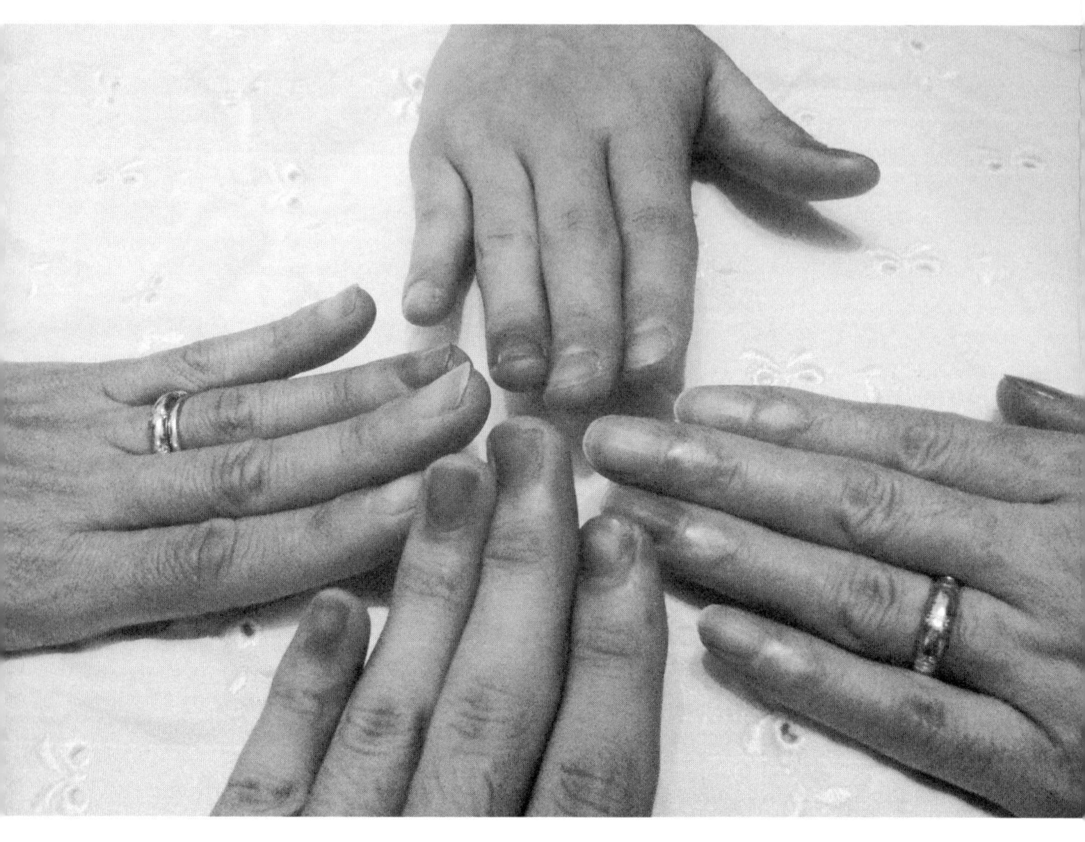

확하게 자신의 흔들리는 마음의 꼬리부터 잘라야 한다. 고통은 흔들리는 내 마음의 흔적이다. 그러면 칼날은 빛처럼 근육을 파고들며 순식간에 황소의 심장을 가르고 고통을 단번에 자른다. 순간 투우사도 황소도 동반자가 된다. 환호가 터져 나오는 순간 황소의 죽음은 관중들의 가슴에 부활한다.

아들이 쥐고 있는 인생의 칼날도, 내가 쥐고 있는 인생의 칼날도 그 끝이 상대를 향하는 것이 아니라 바로 나 자신의 심장을 향할 때 그 순간 꿈은 나의 영혼과 하나가 될 것이다. 진실은 언제나 나의 가슴에 있다.

나는 아버지가 된 것을 하나님께 감사드린다. 내 마음에 별처럼 반짝이고 있는 아버님의 진실을 아들에게 전할 수 있어서 다행이다. 나는 암흑의 지하실에서 간절하게 빛을 기다리는 투우사가 되었다. 천지가 개벽하듯 문이 열리자 신들린 것처럼 달려 나간다. 그리고 모든 것을 던지고 황홀하게 무너진다. 나는 그렇게 살고 싶다. 아들이 지켜보는 나의 삶이 그렇게 완성되기를.